ルティン・ルター

——ことばに生きた改革者

善義和
Yoshikazu Tokuzen

Notus

Boreas

Zephyrus

岩波新書
1372

目次

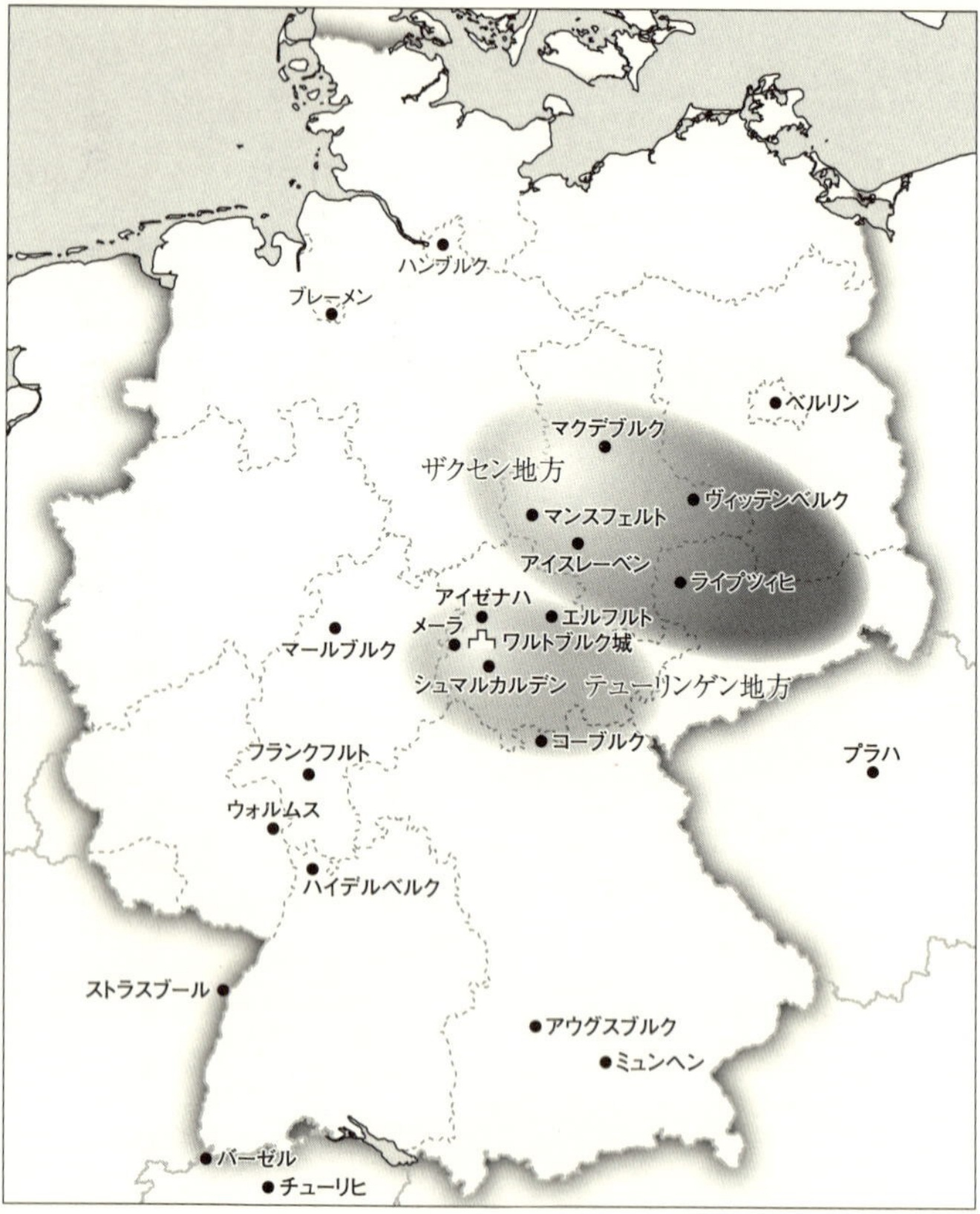

ルター関連地図．各都市の位置関係を明白にするため，便宜上，現代の国境線と州境線を描いてある．16 世紀当時の諸侯の支配領域は変化が著しく，正確に示すのは困難である．そこで，ルターと関わりの深いザクセン地方，テューリンゲン地方のみ，おおよその範囲を図示した．（地図製作：鳥元真生）

序章　ことばに生きる

ことばに生きる

いろいろな時代がある。それぞれの時代には名が与えられ、その時代に生きた人びととの関わりが論じられる。そうした時代と人との関わりのなかでも、ひとつの時代がひとりの人物と密接に結び付けられ、たとえのちの評価や理解は変わっても、その結び付きが変わることなく、また他に変えようがないという例は多くないだろう。

マルティン・ルターという人はまさに、一六世紀の宗教改革という時代と、そのような結び付きをもつ歴史上稀有な人物である。しかも、この人物と時代との結び付きは、世界の歴史においても、あるいは少なくとも西欧の歴史において独特で、また近代から現代にかけての西欧社会にとって、決して見過ごすことのできない意味をもっている。

ルターは「ことばに生きた人」であった。修道士となって以来、聖書のことばと深く取り組み、その教えの中心をとらえようと、生涯かけて格闘しつづけた。そして、その聖書のことばを、民衆のために、民衆のわかる言葉で説きつづけた。宗教改革とは、そのルターが、聖書のことばによってキリスト教を再形成した出来事であった。

キリスト教はことばの宗教

キリスト教は、聖書という教典を拠り所とする点から見て、すぐれて「ことばの宗教」であると言える。ここでいう「ことば」には、二つの側面がある。日本語やドイツ語といったランゲージの意味での「言語」という側面と、語られたり、聴かれたり、書かれたり、読まれたりするワード、テクストの意味での「言葉」という側面である。

まずは「言語」の側面から見てみよう。キリスト教が広く地中海世界に浸透していくうえで鍵となったのは、ギリシア語とラテン語である。旧約聖書は元来、パレスチナで生まれたユダヤ教の聖典であり、原典はヘブライ語で書かれている。ただし、ヘブライ語はパレスチナの一民族言語であるため、それ自体としては普遍性をもちえない。したがって、旧約聖書の内容が普遍的な意味をもつ教えとして他民族に伝えられるためには、「翻訳」という作業が必要であった。そうした翻訳の始まりは、「七〇人訳」と呼ばれるギリシア語訳の旧約聖書にさかのぼる。一方、新約聖書は、紀元一世紀頃の地中海世界の共通言語だった「コイネー（共通）ギリシア語」という、古典ギリシア語を平易化した言語で書かれ、残された。これはのちに、旧約聖書とともに、ラテン語に翻訳されることになる。

キリスト教は、ローマ帝国の国教となるまでは地中海東部が中心地であった。そして紀元四世紀、ローマ帝国の国教になるとともに、それは地中海西部へと移っていく。やがてローマ帝国が東西に分割され、西ローマ帝国がラテン語を中心に独自の政治、文化世界を形成するようになると、キリスト教会は自らをローマ・カトリック教会と呼ぶようになった。そして、西ローマ帝国滅亡後は、西方世界におけるローマの正統な継承者であることを強調するようになっていく。そのシンボルが、かつての古代帝国の公用語、ラテン語であった。

四世紀後半の神学者ヒエロニムスによってラテン語に翻訳された旧新約聖書は、「ウルガタ版」(共通の、広く用いられる版という意味)と呼ばれる。これは中世以後のローマ・カトリック教会においては唯一の公式の翻訳という扱いを受けた。中世後半には、礼拝諸式はすべてラテン語で行われ、教会の公式文書もラテン語で発せられ、神学の研究もラテン語によって営まれるようになっていった。これは西暦八〇〇年、ローマ教皇から皇帝として戴冠され、それを帝国の委譲と解したカール大帝の治世の前後から強められた傾向である。中世のキリスト教会は、「ローマ」の名の下、ラテン語で統一されていたのである。

しかし、これは見方を変えると、キリスト教会は「言語」によって自らを民衆から切り離したともいえるだろう。世俗に生きる民衆たちは、教会が提供する幸いや救いを求め、これにすがりながらも、教会で公式に語られ、書かれるラテン語をまったく理解できなかった。教会と民衆の隔絶。それが後の宗教改革への隠れた要因となるのである。

では次に、キリスト教を「言葉」の側面から見てみよう。

旧約聖書は、天地創造に始まって、ユダヤ人たちのパレスチナ定住と苦難の歴史、その歴史の中で与えられた神のことば、歴史とその終わりの預言を伝えている。ユダヤの歴史をとおして、人間の歴史に対する神の意志を知る、ということが主題である。新約聖書では、イエスの生涯と働き、その教えを伝える四つの福音書、パウロをはじめとする使徒たちの働きや手紙などをもとに、人間がこの世界で生きる意味や生き方が示されている。聖書が示すこうした歴史や教えをどう受け止め、解釈していくか。教会の神学者たちはその課題を、ラテン語で記された聖書のテキストを読み解くことで探究していった。これから生涯を語ることになる、ルターという人物も、そういう学徒のうちのひとりであった。

しかし、その一方で、「言葉」の側面にはもうひとつ重要な課題があった。聖書に記されている歴史と教えを、民衆にどう伝えるかである。「聖書」という書物自体は存在していたが、民衆がそれを目にする機会はほとんどなかった。しかも、さきに書いたように、教会と民衆は「言語」によって隔絶されていた。ラテン語を理解できない民衆には、司祭の説教がドイツ語で行われるとき以外、聖書のことばが示す真理は、ごく限られた部分しか伝わっていなかったのである。

中世の礼拝堂の様子は、そうした状況の象徴ともいえる。たとえば、いま、ヨーロッパの古い教会を訪ねてみると、どこにも会衆が座る重い木の長椅子がある。教会に集まった人たちは、礼拝の時もそれ以外の時も、この椅子に座って祈りを捧げる。それはごく普通の光景であろう。ところが、宗教改革以前の礼拝堂には、このような椅子は用意されていなかった。民衆はいわば「立ち見の観客」であり、礼拝やミサが執りおこなわれる間、ただ立って見ていればよかった。礼拝もミサもすべてラテン語。その時々に何が行われているのか、神父は何を唱えているのか、その意味を理解する必要はなかったのである。

中世末にかけて、キリスト教はこのような状態の中にあった。教会はラテン語により、独自のキリスト教世界を築き上げていた。民衆はそういう教会にとっては脇役、あるいは添え物に過ぎなかったのである。キリスト教の「ことば」から疎外された民衆は、極端に言えば、見捨てられたも同然の存在であった。

不安な民衆たち

ただし、教会は必ずしも、そうした状態に無頓着だったわけではない。民衆の不安な心を救う活動も一方では広く行っていた。そのひとつがいわゆる、懺悔聴聞《ざんげちょうもん》である。

正式には「悔悛《かいしゅん》の秘跡《ひせき》」と呼ばれる懺悔聴聞は、民衆のためのキリスト教のひとつの顕著な姿である。民衆は自分の犯した罪を個別に神父に懺悔し、神父から「私はあなたの罪を赦す」と赦免を受けるとともに、断食や徹夜の祈りといった償いの行いを課せられる。そうした個別の儀式、秘跡が懺悔聴聞である。これはラテン語ではなく、ドイツ語のような民衆の言葉によって行われた。民衆の心と聖書の教えとを結ぶ、もっとも身近で、唯一の接点であったと言ってよい。

生来の原罪とそれまでの生涯に犯した現実の罪は、洗礼によって赦免される。では、洗礼後に犯した罪はどうなるのか。懺悔聴聞は、古代以来のこうした問いへの中世的解決であった。洗礼後に犯した罪は、教会で懺悔し、神父の赦免を受ければ赦され、帳消しになる。犯した罪が残ったままでは死んだ後に天国へ行けない。そんな民衆の素朴な宗教的不安は、こうして解決されることになった。

中世の終わりになるまでには、民衆は少なくとも年に一度はこの「お恵み」に与《あずか》るという慣習もできていた。しかし、やがて、懺悔聴聞だけでは不安を解消できない時代が訪れる。たとえば、懺悔の際、神父から課せられる、行いによる償いがある。これを果たし終えないで死んだら、どうなるのか。この問いの前に民衆は不安に陥らざるをえなかった。教会は民衆の不安に応え切れなくなっていた。

使命への目覚め

民衆のこのような不安に応えたのが聖職者による償いの身代わりであった。そこからさらに、制度として案出されたのが、いわゆる免罪符(贖宥《しょくゆう》)の制度である。これは当初、時と所を限定して発せられるものであった。ところが、利殖に走る教会は、やがてこれを金銭と引き替えに販売し、いつでも手に入れられるものにしていった。ルターの住んでいたドイツのザクセン近郊でも、免罪符は大々的に販売されていた。

ちょうどその折の話である。町の司祭、大学教授として赴任していたルターは、日中、街の路上でひとりの酔っぱらいを見かけた。かなり酔って、道端に横たわっている。そのような生活を送っていては、魂の救いには至りえない。そう思ったルターは、男に声をかけた。

「昼間から酔っぱらっていないで、真面目に働きなさい。そんなことでは、神さまの御心《みこころ》にかなわないよ。自分が死んだ後のことを考えなさい」。

すると、男は酔眼を半分見開き、丸めた一枚の札を掲げながら、こう答えた。

「神父様、あっしには、これがありまさあ。だから、大丈夫で……」。

男が手に握っていたのは、免罪符である。これを見た若きルターは、大きな衝撃を受けた。聖書の教えを学生たちに講義するだけではだめだ。この男の心にも届くように語る努力をしなければ。これが、ルターが自らの新しい使命に目覚めた瞬間であった。

第1章　ことばとの出会い

1　父と子

上昇志向

ルターの生い立ちについて語るとき、父の影響を見逃すことはできない。ルターの父、ハンス・ルダーは、ドイツ中部テューリンゲン地方のメーラという村の農民であった。家系は永代貸借農家であったから、さほど困窮してはいなかった。しかし、このまま村にいても先は見えていると感じたのだろうか、若きハンスは村を出ようと決意し、実行する。当時としては異例の振る舞いである。

村を出たハンスは、隣接するザクセン地方に向かった。当時のザクセン地方は銀や銅、錫《すず》の生産量が飛躍的に伸び、活況を呈していた。この地で一旗揚げようと、ドイツ各地から労働者たちが集まってきていた。ハンスもそうした成功を夢見る若者のひとりであった。

銅鉱夫から身を起こしたハンスは、辛苦の末、銅の精錬炉三つを経営する実業家になり、町の名士の一人に数えられるようになった。一代で身代《しんだい》を築いた努力の人である。ルターはこの父から、自分の進むべき道を示され、人生の生き方を学んでいく。それは、努力して成功の階段を上っていく「上昇志向の生き方」であった。

ルターは、アイスレーベンという町の、今風にいえば町営一時宿泊所とでもいうところで生まれた(この家は現在、「マルティン・ルター博士誕生の家」として歴史記念館になっている)。一四八三年一一月一〇日のことである。誕生の翌日、聖マルティンの日に洗礼を受けて、マルティンと名づけられた。誕生から半年ほど後に、一家はこの町からマンスフェルトへと移住した。

アイスレーベン，ルターの誕生した家．写真提供：中川浩之

辛苦の中で人生の階段を上っていったハンスは、この息子に並々ならぬ期待をかけていたのであろう。それは単に親の跡を継がせるという以上のものがあった。まず、ルターが五歳にもならないうちに、マンスフェルトの教会付属学校に通わせ、ラテン語の初歩を学ばせた。息子の成功のためにはラテン語の習得が必須と考えたのである。八歳の頃には専門のラテン語学校に通わせ、読み書き、算術に加えて、ラテン語文法、論理学、修辞学の初歩

ハンス・ルダー(1459-1530).
農夫から身を起こし，銅精錬の経営者となった．上昇志向の生き方は，ルターに多大な影響を与えた．クラナッハ画

も学ばせた。

息子の成績の良さに満足したハンスは、ルターが一三歳になると、自宅から一〇〇キロ近く離れたマクデブルクの大聖堂付属学校に送った。そして、わずか一年ほどで、今度は母親の親族が多く住むアイゼナハの町に送り、聖ゲオルク学校で学ばせた。ちなみに、この聖ゲオルク学校は、ちょうど二〇〇年後にはヨハン・セバスティアン・バッハが入学する学校で、二人は同窓生ということになる。

ハンスは、自らの成功を基礎にして息子を大学にやり、法律を学ばせて、宮廷の顧問官か、あわよくば宰相か、それが無理なら同業者仲間の法律顧問にと考えていた。父祖代々の職業を継がせる傾向が強いドイツで、これほど教育熱心な親は非常に珍しいと言わなくてはならない。ハンスが「俺は息子を大学にやるぞ」と言うのを聞いた同業者たちは、「正気の沙汰か」と驚嘆したという。

一五〇一年春、ルターはそんな父の意志に従って、人口二万と言われた当時の大都市エルフルトの大学に入学した。「大学にやるなら、エルフルトへ」という言い習わしもあったというから、父は息子のためにこの名高い大学を特に選択したのだろう。大学の入学記録には「マンスフェルト出身のマルティヌス・ルダー」と残っていて、ルターに関する最初の公式記録となっている。そこには「資産あり、学費三グルデン半」ともあって、それなりに裕福な家の出であることが記されているが、ルター自身は晩年、「父は汗と労働で私を支えてくれた」と書いている。

父の期待

人口二万のうち修道士が八〇〇人というエルフルトの町で、大学生はすべて入寮して修道士に近い生活を送っていた。朝は四時に起床、昼間は三つの講義とそれに関係する演習に加え、霊性の訓練、夜八時には就寝と定められていた。三学期の課程で論理学と修辞学、自然哲学などをアリストテレスに即して修めたルターは、一五〇二年九月、最短期間で教養学士となり、学士ガウンを着る権利を得た。父は、「学士様になったのだから、もう「おまえ(du)」と呼んではいけないな。「あなた(ihr)」と呼ばなくちゃな」とご満悦であった。

ドイツでは現在もそうだが、大学入学資格さえあれば、大学にはいつ入学してもよく、またいつ辞めてもよい。ルターはつづけて修士課程に進み、一五〇五年一月には一七人中二番の成績で教養学修士となった。赤茶の修士フードを着けて、修士の指輪をはめ、教養学部での初級講義担当の義務も負うことになった。修士となったお祝いは松明行列が出るほど盛大なもので、ルターは「これほどの喜びはなかった」と語っている。

修士になると、自分の希望に従って医学部、法学部、神学部という三つの専門学部のいずれかを選ぶことができた。当時の大学は、神学部が一番格上である。しかし、ルターは父の希望に従って法学部に進んだ。法学部に進む息子のために、父は当時としてはきわめて高価な法律書を買ってやり、早くも「いずれは然るべき名誉ある結婚を」と考えはじめるのだった。

当時の大学は知的な場であるばかりでなく、西欧各地から来た様々な学生たちとともに、ラテン語を共通語として生活する国際的な場でもあった。ルターのあだ名は「哲学者」。音楽好きで、ギターに似たツィターという楽器をよくしたと言われている。

突然の修道院入り

こうして法学を学びはじめて一カ月余、故郷への帰省を終えたルターはエルフルトへもどる途中の道で、運命的な体験をする。野の真ん中で突然の雷雨に足を速めていると、雷鳴とともに稲妻が走り下り、彼を地面になぎ倒した。死の恐怖の中でルターは思わず、「聖アンナ様、お助けください。私は修道士になります！」と叫んだ。中世の頃は、人はマリアやペトロをはじめとする諸聖人を介して神に祈る。聖アンナは、父ハンスら、鉱山で働く者たちの守護聖人であった。

ルターが落雷を受けた，シュトッテルンハイムに立つ石碑．写真提供：小原靖夫

前途有望な青年が「修道士になります」とは、なんとも唐突で奇異なことに思われるだろう。しかし、これは、命の危険を感じたときの、中世の人びとの典型的な反応でもある。たとえば、友人が突然死んだとか、大怪我をして死にそうになったとか、書物を読んで身も震えるばかりに感動したとか、そういうことをきっかけに修道院に入るのも、殊更特別なことではなかった。大学教授が理由もなく突然職を辞して、修道院に入ったということさえあった。

雷に打たれてからちょうど二週間後、ルターは法学部の学友たちを夕食に招いて、別れの言葉を告げた。「諸君は、私のこういう姿をもう見ることはないでしょう」。ルターは父から贈られた法律書を捨て、法学部生のガウンを脱いだ。翌日、彼はアウグスティヌス隠修修道会戒律厳守派《かいりつげんしゅは》の裏門を叩き、入会を志願した。

息子の突然の進路変更を知った父ハンスは激怒した。その怒りは力ずくでも我が子を奪い返そうとするほどだったが、友人たちの強い説得でやっと思い留まったという。

ルターが雷に打たれたシュトッテルンハイムという場所には、現在、野中にぽつんと、「歴史の転回点」と刻まれた石碑が立っている。石碑は、その落雷の一撃がルターの生涯を変えただけでなく、西欧社会のあり方をも根本から変えたことを伝えている。しかし、当時は誰もそのようなことが起こるとは知るよしもない。父子二代にわたる成功の階段を上る試みは、雷鳴ひとつによって消えてしまったようにみえた。

2　修道士として

修道院の生活

当時、エルフルトの市内には一四の修道院があった。ルターはその中から、修道理想を厳格

アウグスティヌス修道院の裏門．本来は一般の訪問者のための入口だが，修道士志願者もここから入った．右手には客房がある

に守るアウグスティヌス修道院を選んだ。門の扉を叩いてしばらくは客房に泊まり、初めての修道院の生活を体験する。見習い修道士として受け入れられたのは、ようやく秋に入ってからであった。

修道院での修行が始まるにあたって、神父から「熱心に読むように」と、ラテン語訳の旧新約聖書を手渡された。ことばに生きた人、ルターの聖書との取組みは、このとき始まったと言ってよい。

「修道院に入ったとき、私は「いかにして恵みの神を獲得するか」という問いを抱いていた」と晩年のルターは回顧している。なにものかを獲得したいと強い意志を抱き、自らの能力の限りを尽くし、なんとかしてこれを得ようと努力すること。これは父ハンスの人生の大命題であり、生きる上での信条でもあった。父の望んだ人生の階段を上ることを止めたルターであったが、しかしやはり、別の人生の階段を上りはじめたのである。

ルターが入会したアウグスティヌス修道院には五〇人ほどの修道士たちがいた。修道士の生活は「詩篇漬け」と言ってよい。修道士たちは毎日、未明三時から夜九時まで三時間ごと、日に七度おこなう定時《ていじ》禱《とう》(定時の祈り)で詩篇を唱える。詩篇とは、旧約聖書に収められた一五〇編の詩からなる文書である。一日七回の定時禱では、詩篇の中から五〇編ほどを唱える。したがって、一週間で二回、詩篇の全編を唱えることになる。これを毎週くり返すのである。

ルターは生涯、自らの信仰のために詩篇を手放すことはなかった。大学で聖書の講義を始めたとき最初に取り上げたのも詩篇であり、その後もくり返しこれを講義した。民衆のために書いた著作でも詩篇の講解を試みることが多かった。ルターにとって詩篇は、数ある聖書の文書の中でも生涯にわたる座右の書であった。

ルターが修行を重ねたアウグスティヌス修道院は、第二次大戦中に空爆を受けて大きく破壊されたが、建物の主要な部分が修復されて、いまも残っている。ここを訪れると、修道士たちの個室にまず目を引きつけられる。三方を石の壁に囲まれた三畳ほどの狭い部屋には、十字架のキリスト像と粗末な小さい木の机と椅子が置かれているだけである。修道士たちはこの部屋に籠もって、ともかくひたすら聖書を読んだ。

彼らが手にしていた聖書は、ラテン語訳のウルガタ版聖書である。ルターはこのウルガタ版で旧新約聖書の全文書を、ほとんど暗記するまで徹底的に読んだ。後年、聖句を思い起こすのも、説教や著作に引用するのも、もっぱらこの時期に身に染みこませた体験にもとづくと思われる。

修行の日々

六世紀前半、ヌルシアのベネディクトゥスによって集団修道制が定着して以来、程度の差こそあれ、修道の理想は「清貧」「貞潔」「服従」の三つで言い表される。修道士はなにも所有せず、生涯独身を守り、キリストに服従するように修道院上司、そして教皇に絶対服従する、ということである。

また、「祈り、かつ働け」もモットーとされた。アウグスティヌス修道会はアッシジのフランチェスコの流れを汲むフランシスコ会の系列に属しており、人里離れたところで生活する隠遁修道会ではなく、都市にある、乞食《こつじき》(あるいは、托鉢《たくはつ》)修道会のひとつである。修道院内での詩篇と祈りの生活に加えて、修道士たちには町に出て乞食、托鉢の行も課せられた。托鉢は自らが取るに足りない者であることを心に刻む、アッシジのフランチェスコ以来の伝統となった行動である。ルターもまた、修道士のひとりとしてその行に加わった。

清貧と貞潔に関して、戒律厳守派のアウグスティヌス修道院は、当時としては理想的な、中庸の厳格さの中に留まっていたと考えてよい。断食が極まって餓死することすら起こりえた、厳格なカルトジオ会のようではなかった。修道院の食事は質素で、日に二度の食事は雑穀のおかゆが中心であった。食事中はまったくの沈黙。交代で詩篇や信仰建徳書を朗読して聞かせたというから、おそらくその朗読者は食事抜きだったに違いない。

修道士姿のルター．クラナッハ画

そうした清貧と貞潔を貫く生活の中でも、修道士たちは、神に背き、修道会則に違反する罪を、心の内でも、あるいは外に現れる形でも犯した。そのため、懺悔聴聞の機会をしばしばもたねばならなかった。その結果、修道院全体でおこなう断食や徹夜禱とは別に、修道士たちはさらにまた特定の償いの罰、課題を課せられることにもなった。

このように修道院の生活は厳しかった。中世末の教会や修道院に関しては、しばしばその堕落が指摘されるが、ルターのいた修道院は最良の部類に入るものであったと思われる。したがって、ルターが宗教改革を推し進めた背景として、修道院の堕落を挙げるのは適切とは言えないであろう。むしろ、当時の修道院の最善の部分に潜む根深い問題、すなわち自己満足と傲慢とに気づいたために、ルターは宗教改革に取り組むことになったのである。

葛　藤

このように、清貧を貫く修道生活のただ中で、ルターは内的葛藤の日々を送る。「いかに欠点のない修道士として生きていたにしても、私は、神の前でまったく不安な良心をもった罪人であると感じ、私の償いをもって神が満足されるという確信をもつことができなかった」と、晩年の彼は書いている。

頻繁に懺悔聴聞に臨み、自分の罪と思われるものを徹底的に懺悔しようと努め、時には一度懺悔を済ませて独房にもどる途中でなにかに思い至ると、引き返してまた懺悔聴聞をくり返した。そんな生真面目なルターを修道会の総長代理シュタウピッツは大いに期待していたが、彼の「キリストに注目しなさい」という勧めの言葉も、その頃のルターには何の効き目もなかった。ルターは、完全無欠な修道士として生きる姿に取り憑かれていたのである。

アウグスティヌス隠修修道会は、修道士全員が司祭となる司祭修道会であった。そこでは修道士は遅かれ早かれ、叙階（司祭聖別）を受けて司祭となる。修道院上司に期待されていたルターは、内面の問題を抱えたままではあったが、一五〇七年、司祭に叙階された。

それから一カ月後、ルターは司祭となって初めてのミサを修道院礼拝堂で挙げることになった。ところが、定められた典礼文を読み上げながら、「いとも聖なる、大いなる神よ」と唱えたところで、先を続けられなくなってしまった。「私は死にそうになった。小さな罪人に過ぎない私が、神に向かって「いとも聖なる、大いなる神よ」と呼びかけるとはなにごとか」という思いに打たれてしまったからだという。ミサを止めて、いまにも聖壇を下りようとする彼を、周囲の者が説得し、ようやく壇上に留まった。

司祭としての初めてのミサは、当時の習慣では大きな祝い事でもあった。どこか不承不承の思いを秘めながらも、父ハンスはマンスフェルトから同業者二〇人を伴って、息子の晴れ舞台に参加し、修道会のために二〇グルデン（二〇〇万円相当）の寄進をした。しかし、その一方でハンスは、「あいつの修道院入りが、妄想か悪魔の惑わしでなければよいのだが」と皮肉のひと言も漏らさずにはおられなかった。叙階を受け、司祭になったということは、ルターの生涯の道がこれによって最終的に決まったことを意味する。おそらく、父としては未練があったのであろう。「その言葉は、父の口を借りて神ご自身がお語りになったかのように思われて、私の心に深く刺さった」と、ルターはのちに述懐している。

3　一点突破

神学研究の道へ

叙階されてから後は、修道生活から来る葛藤の上に、さらに神学的課題が加わっていく。ルターは修道院に入る前に大学で教養学修士となっていた。この青年修道士の将来に期待する修道院上司たちは、エルフルト大学での神学研究を命じる。「服従」の原則に従ってその命に服したルターは、修道士としての務めを果たしつつ、大学教養学部で道徳哲学の講義を担当し、さらに自らの神学研究に励む生活を送ることになった。

エルフルトの修道院には「修道院参事会室」と呼ばれる小礼拝堂と会議室を兼ねた部屋があった。部屋の机には修道院の主だった修道士たちが院内の席次順に並んで座した。その頃のルターは早くも、席次六番でその席に連なった。しかし、修道院上司の期待を受けながらも、自らの内なる問いへの答えが見つからず、葛藤の日々を送る。

一三世紀以来、とくに哲学と神学において主流を占めたのは、トマス主義の実在論(いまでいう観念論)である。その一方、一四世紀半ば以降は、オッカムの唯名論が反主流をなしていた。前者は「普遍」を問題とし、その「存在と本質」を問うのを常としたのに対して、後者は「個体」を問題とし、その「意志と能力」を問うことを常とした。

言い換えると、実在論は人間を問題とするとき、個々の個体については何も問わない。人間総体について「そもそも人間とは?」という問い方をし、その存在と本質とは何であるかを問う。これに対して唯名論は、人間総体などとは「名ばかり(唯名)」で存在せず、存在するのは個々の個体であると見る。そのうえで、個体をとらえるために、意志と能力とは何かと問うのである。

当時、ドイツの大学の多くは、これら二つの学風のいずれかに拠っていた。ルターの在籍したエルフルト大学はオッカムの学風で知られる。ルターは教養学部の頃から哲学を学んでおり、個体こそ実在して、その実在は意志と能力によって確認されるというオッカムの唯名論になじんでいた。神学研究を始めてすぐの頃には、オッカムによるミサ典礼書の神学的解説から学び、唯名論の考えを深めていた。それはまた、神の前に立つ個体が、意志と能力の限りを尽くして良い行いに努力し、恵みの神に受け入れられる水準にまで到達すべきである、という救済論にもつながった。

しかし、こうした救済論は結局、人間の意志と能力を肯定的、積極的に評価し、人間の努力に多くを委ねる人間中心主義にならざるをえない。エルフルトの学風は、この点でルターに大きな影響を与えた。修道生活に一層励まざるをえなくすると同時に、そうした努力に対する懐疑心を芽生えさせ、深い葛藤に追い込んでいったのである。

聖書への集中

さて、研究のためには書物が必要だが、活版印刷が始まって、たかだか五〇年ほどの頃である。書物はきわめて高価で、稀少であった。家庭には聖書すらなく、書物を持っている人などほとんどいない。書物がある場所はもっぱら、修道院や大学などの図書館に限られていた。「大学に入って〔図書館で〕、私は聖書を初めて見た。その聖書は鎖でつながれていた」と、ルターは回想している。

アウグスティヌス修道院が大量の蔵書を所有していたのは、ルターにとって幸いであった。修道会の求めによる神学研究であったから、特別に書物を持ち出して、自分の小さな独房で読むこともできただろう。アウグスティヌスの著作や、大学で講読に使ったロンバルドゥス『神

学命題集』など、修道院の蔵書の多くに、若き日のルターによる欄外書き込みが見つかってい
る。その書き込みからは、ルターが自身の内的葛藤に対する答えの手がかりを求め、必死の探
究を行っていた様子がうかがえる。

ルターは修道会の期待に応えて勉学に励み、神学教授への階段を順調に上っていった。大学で学びはじめてわずか数カ月で聖書学士となり、さらに数カ月後には神学命題集学士となった。そして、この時期、彼の神学研究に明らかな特徴が見えてくる。聖書への集中である。「私は若かったから、聖書に慣れ親しもうとした。これをしばしば読み、その本文をわがものとした。するとどの本文も、それ〔キリストへの信頼〕について語られているという文脈にあり、またそう読むべきであることを知らされるに至った」と、ルターは当時を回顧している。聖書への集中は、キリストへの信頼に収斂《しゅうれん》していくプロセスの始まりでもあった。

この特徴は、アウグスティヌスの著作を読んだことと密接に関連する。ルターは、自分たちの修道会が名を受けている五世紀の神学者に関心をもち、はじめは修道院の蔵書により、やがてライプツィヒから書籍を取り寄せて、『小論集』『神の国』『三位一体論』などを読んでいる。アウグスティヌスを読むことで、人間とは罪ある、無なる存在であって、恵みの助けを必要とするという理解を深めていった。これは一方では、中世の哲学と神学を支えてきたアリストテ

レスの哲学に対する深い疑い、鋭い批判の始まりにほかならない。

そして、一五一一年、修道会に命ぜられて籍をヴィッテンベルク大学に移す。ルターはこの地で神学研究を続け、翌年には神学博士となり、聖書教授に任ぜられることになった。ヴィッテンベルク大学は他の大学と同様、教養学部の上に専門学部として医学部、法学部、神学部を有していた。当時、神学部長には、アウグスティヌス修道会のドイツにおける総長代理、シュタウピッツ博士が就いていた。神学部教授の一人はアウグスティヌス修道会が送るという定めに従い、シュタウピッツは神学博士になったルターを自らの後継者とした。「聖書を忠実に教える」という誓約付きの就任であった。

ルターは、この誓約に終生、誠実に応えていくことを決意する。のちに宗教改革者として知られることになるルターだが、それは事の成り行きによる結果であって、彼としてはあくまで、この誓約に忠実であろうとしただけだったと考えられる。

新設の田舎大学

ここで、当時の大学とはどのようなものであったかを簡単に紹介しておこう。

西欧では学問は、八、九世紀頃から、修道院や大聖堂付属学校で次第に深められていった。

しかし、当然のことながら教会の権能の下に置かれ、これに服さざるをえなかった。その一方で、学問の自立を求める動きや、学問に対する教会の制約を退けようとする動きも出てくる。そうして、一一世紀にはイタリアのボローニャにおいて、法学を中心とする自立した学問組織が生まれた。通常、これが大学の始まりと言われる(それより少し早く、サレルノにおける医学の学問組織の成立を大学の始まりとする説もある)。

大学は、universitas《ウニヴェルシタス》, university《ユニヴァーシティ》(組合団体)という呼び方にも示されるとおり、もともとは学問をする教師たちの同業組合と、この教師たちから学ぶ学生たちの集合組織という意味合いをもっていた。教育内容、研究目的、学位の授与などの権利を保障され、さらには自立した裁判権をもつこともあった。

ドイツ語圏では、一三四八年創設のプラハ大学が最古の大学であり、一四世紀後半にウィーン、エルフルト、ハイデルベルクなどがこれに続く。そのなかで、ヴィッテンベルク大学の創設は特別な意味をもつ。この大学は一五〇二年、教皇にもよらず、皇帝にもよらず、選帝侯(ドイツ諸侯のうち皇帝を選出する最終の権威をもっていた七人を指す)の認可によって創設された。「ザクセン侯領のライプツィヒ大学に対抗して、自領内にも大学を」という選帝侯の意図からであった。皇帝や教皇の認可は、その後を追う形で与えられた。

大学設置基準などというものはない時代である。ヴィッテンベルク大学は選帝侯所有の建物を大学本部とし、城教会を大学教会として使用することを認められて始まった。ルターはその最初期の博士の一人であった。やがて宗教改革の進展にともない、彼の理解者、同僚ともなり、人文主義大学教育を推し進めたメランヒトン(後出)と共に、この新設間もない大学の看板教授となった。

ヴィッテンベルク大学は、伝統あるドイツの諸大学をしのいで学生を集めた。人口わずか二〇〇〇人の小さい町に、ほぼ同数の学生が押し寄せ、教授の家にまで学生を受け入れねばならないほどだったという。宗教改革期の大学記録を見ると、教授たちの給与明細まで明らかになる。ルターとメランヒトンの二人だけが破格の高給をもって遇されているのは、この大学の名声に対する二人の貢献がいかに大きかったかを示すものといえよう。

当時の大学は国際色豊かで、北欧諸国はこの大学の各学部に多くの学生を送った。ヴィッテンベルクの町は異なる言語同士が交流する場となっていたのか、現代のフィンランド語でドイツ語が「saksaa(ザクセン語)」と呼ばれているのは、こうした歴史的背景があってのことだろう。戯曲の中のこととはいえ、シェイクスピアがデンマーク王子ハムレットをヴィッテンベルク大学に留学させたことも、そうした当時の学問状況の一端を伝えているといえる。

当初、ヴィッテンベルクの修道院付きを命じられたとき、ルターに与えられた務めは、修道院の指導であり、大学での博士号取得であった。やがてその責任の範囲は、ヴィッテンベルク周辺の修道院にまで拡大されることになった。修道院上層部のルターに寄せる信頼と期待、それに応えるルターの努力や実績のほどがうかがえる。

ルターには修道院指導者として、それぞれの修道院の礼拝を中心とした生活から、清貧の実践、聖書や信仰書などの読書指導、個々の修道士の生活指導に至るまで、他の修道士に対する魂の配慮をも含めた指導など幅広い働きが求められた。生活を律することだけに流れず、祈りつつ聖書を読むという生き方は、この頃に培われたものと考えられる。聖書教授に就任したことで、自らの責任の重さをあらためて肝に銘じ、「聖書を忠実に教える」という決意を強く固めたのだった。

教授就任から半年後、ルターは「詩篇講義」をもって、その職を本格的に開始することとなった。講義はロイコレア(白い砂)と呼ばれた大学の一室において、毎週月曜と金曜、夏は朝六時から、冬は朝七時から二時間行われた。ルターは死の前年まで、聖書、なかでも旧約聖書の講義を精力的に続けることになるが、聖書教授としての最初の講義のために選んだテキストは、修道士時代からの座右の書「詩篇」であった。

ルターは講義を始めるにあたって周到な準備をした。詳細なテキストづくりは、その最たる例である。「全詩篇はキリストの詩である」という序文と、各詩篇に表題を付した上で、ラテン語の詩篇全文を印刷に付し、聴講の学生の手にもたせた。

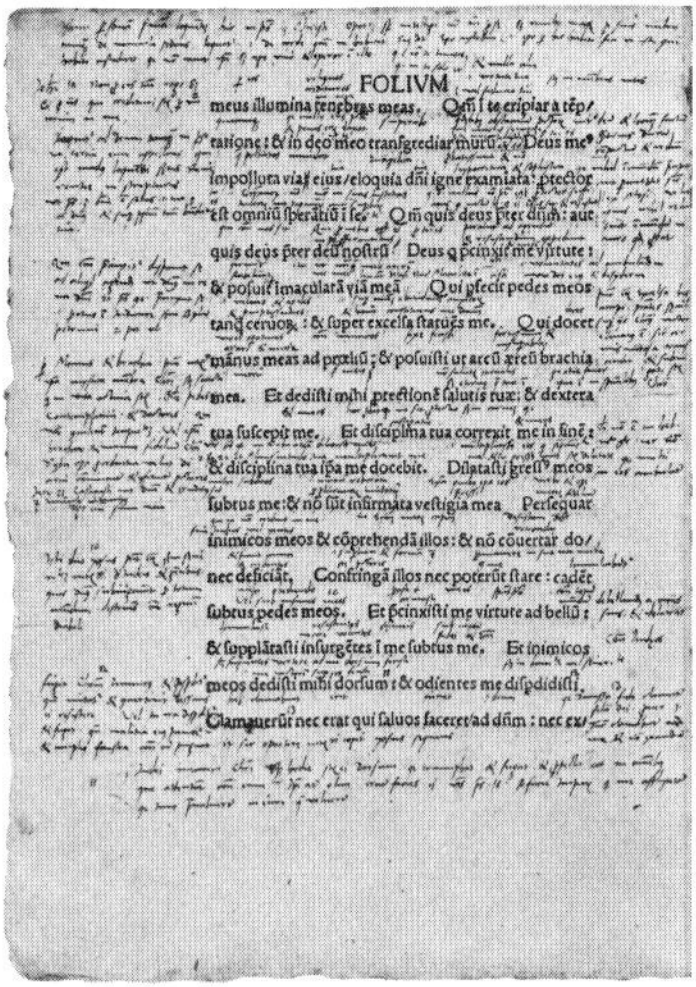

第1回詩篇講義の草稿(1513年). 行間と欄外余白に, ルター直筆の細かな書き込みがある

高価な手書き写本に取って代わるものとして、活版印刷本が発明されたのは一五世紀半ばのことである。そのとき作られた『グーテンベルク聖書』から半世紀余、この新しいメディアは大いに受け入れられて、ヨーロッパの各地に多くの印刷所ができた。ルターが修道院入りの際に手渡されたという、ラテン語聖書もその広がりを示している。

ルターは講義の準備のために、中世の『標準注解書』やアウグスティヌスの詩篇講解のほか、主だった注解書を用いた。広くとった行間には語句の説明の短い注を、欄外には説明のための少し長い注を付した。これらの注を、グロッセという(注疏《ちゅうそ》。それぞれ、行間注、欄外注と呼ぶこともある)。グロッセのほかに、聖書講義の伝統にのっとり、スコリエ(講解)と呼ばれる講義のための準備稿も別に用意した。

ルターによる詩篇のグロッセとスコリエは、それぞれ別に綴じられて残された。どちらも数百年間行方不明になっていたが、一九世紀末になって発見され、研究を経て公刊されている。グロッセはドイツのヴォルフェンビュッテルの図書館にあって、筆者も古文書閲覧室で手に取って見たことがある。スコリエはドレスデンにあったが、先の大戦中の空爆によって焼失したものと思われており、現在はもっぱら残されている写真によって知られる。

それまでも詩篇のいくつかを「キリストの詩」として読む解釈はあったが、詩篇のすべてを「キリストの詩」として読むルターの解釈は、当時としては珍しいといえる。なかでも、とくに注目すべきは、詩篇第一編2節にある「主の律法を思う」の「思う」の解釈である。ルターはその「思う(meditare)」を、「中核において思索する(in medio agitare)」と言い換えて、「キリストを中心に捉えて、そこからすべてを理解する」と読んだ。こうした解釈は、「キリストへの信頼」に注目する姿勢とあわせて、宗教改革的な聖書理解の萌芽と見ることができる。

神の義とは何か

教授として聖書の講義を始めたものの、この時点でのルターは、のちに宗教改革を全面展開させていくような聖書理解に到達していたわけではない。学生に講義を行いながらも、信仰的にも、神学的にも、自らの内に大きな葛藤と問いをもち続けたままであった。晩年の回想にはこうある。

「私は罪人を罰する義の神を愛さなかった。いや、憎んでさえいた。そして瀆神《とくしん》というほどではないにしても、こうつぶやいて、神に対して怒っていた。「あわれな、永遠に失われた罪人を原罪のゆえに十戒によってあらゆる種類の災いで圧迫するだけでは、神は満足なさらないのだろうか。神は福音をもって苦痛に苦痛を加え、福音によって、その義と怒りをもって、私たちをさらに脅されるのだから」と。私の心は激しく動き、良心は混乱していた」。

神は彼に、解放や救いではなく、束縛や呪いをもたらしていた、というのである。

ルターがなぜこのように苦痛を感じ、混乱させられていたのかを理解するには、修道士が日々どういう生活を送っていたかを知る必要がある。さきに述べたように、修道士たちは「清貧」「貞潔」「服従」の三つを理想とし、神の前では自らが取るに足らない者であることを心に刻みながら、日々の生活を厳しく律して生きていた。ところがルターは、完全さを求めるあまり、自分にはまだ努力が足りないと思い、より一層過酷な苦行を自らに課した。それが「義の神」に対する修道士の務めと考えていたのである。

ルターの言う「義の神」とは、「正しさの神」と言い換えてもよい。この神は、自らの意志と能力をもって努力する人間は「正しい」と受け入れてくれる一方、努力を怠る人間には怒りをもって裁きを下す神である。ルターはこの神に「正しい」と受け入れてもらうために、日々研鑽を重ねていた。おそらく彼には、誰よりも厳しく自らを律し、誰よりも努力しているという自負があったはずである。しかし、それにもかかわらず、神は自分を「正しい」と受け入れてくれたという確信がどうしても得られない。「それはなぜなのだ」という疑問が、いつしかルターの中で神への疑念に変わっていった。言い換えれば、「正しさの神」の「正しさ」とは何なのだという疑念である。ルターのこうした内的な葛藤はやがて、聖書に示された「義（正しさ）」ということばをめぐる神学的な問いに変わっていく。

聖書によれば、神の「義」は普遍の真理であった。しかし、その「義」なるものによって、神は、われわれ人間を裁く。ならば、聖書が同時に教える「恵みの神」とは何なのか。ルターの問いはやがて、この一点に集中していく。「裁きの神」は同時にまた「恵みの神」でもあるのか、という問いである。

一点突破へ

聖書講義は、通常、第一編の1節から逐語的に進められていく。ルターの詩篇講義もそのように進められていた。ところが、講義が第三一編2節にある「あなたの義によって私を解放してください」(ラテン語訳による)という一節に差しかかったとき、ルターはこの言葉にはたと行き詰まってしまった。

「あなたの義によって私を解放してください」という言葉からは、神の「義」が、われわれ人間に解放、すなわち「救い」をもたらすものとして期待されていることが読み取られる。神の「義」と人間の「救い」とが、なぜ一つに結び付くのか。神の「義」を、「怒り」「裁き」「罰」との脈絡でとらえてきたルターにとって、この結び付きは矛盾であり、どうしても理解できなかった。

自分が十分に理解できていないことを、学生に教えられるはずがない。ルターは詩篇のこの一節が意味することについて、十分に納得いくかたちで学生に説明できなかった。とはいえ、ここで講義を止めるわけにはいかない。「私は記憶の及ぶかぎり、聖書の中から、他のことばで似たようなものを集めてみた」と語るように、ルターは講義を先に進めつつも、この矛盾を解くための探究を始めた。

そして、講義が第七一編にまで進むに及んで、ルターは神の「義」について、まったく新しい認識に到達する。この節には再び「あなたの義によって私を解放してください」という言葉が現れる。ルターはそれを、「詩篇の記者はここでキリストを明瞭に言い表している」と捉えた。

神の「義」とは、これまで考えられてきたように、人間の行いや努力が神に受け入れられるか否かで明らかになるものではない。神の「義」とは、神からの「恵み」であって、それはイエス・キリストという「贈り物」として人間に与えられるものである。したがって、「ローマの信徒への手紙」の中でパウロが、「神の義は福音の中に啓示されて、信仰から信仰に至る」(第一章17節)と語ったように、神の「義」はイエス・キリストの福音として示される。その福音こそが、人間を解放し、救う。ルターは、神の「義」について、このように理解するに至った。神の「義」と「救い」という、互いに矛盾するように見えたものが、じつは「キリスト」を介して一つに結び付いていると気づいたのである。

「義」ということばからルターが発見したのは、人間の救いは、イエス・キリストの教えと働き、とりわけその十字架に具現されているということである。詳細は後述するが、これはルターの「十字架の神学」として知られる重要な解釈である。

一方、これは言葉の側面からの発見であったと同時に、言語の側面からの発見でもあった。「神の義」という言葉の中に見られる、文法的用法の発見である。「神の義」という言葉には、「行為者の属格」と呼ばれる文法的用法が使われていたのである。

たとえば、「お父さんの贈り物」という言葉で説明しよう。この場合、「贈る」という行為をする主体は「お父さん」である。お父さんがひとたび「贈る」という行為をすると、その行為によって贈られた品物はお父さんの手を離れ、それを贈られた人の手に渡り、その人の所有物になる。ここでの「の」は、行為する主体を指すと同時に、行為の後にはそれが行為を向けられた相手に及ぶという意味合いをもっているのである。

この用法は、もともとヘブライ語の聖書ではよく使われていたものである。ところが、当時広く読まれていたラテン語によるウルガタ版の翻訳では、この用法がほとんど使われていなかった。そのため、言葉の意味を理解する際に困難が生まれていたのである。

ルターは、そこに気がついた。「神の義」と言うときの「の」は、行為者の属格として理解されるべきなのだと見抜いたのである。つまり、神は「義(正しさ)」を、イエス・キリストというかたちで、罪深き人間への「贈り物」として与える。その結果、「義」はそれを贈られた人間の所有するものとなり、人間は救われる。だからこそ、聖書は神の「義」を「解放」や「救い」と結び付け、「福音(喜びの知らせ)」と結び付けて語っているのである。「義」とは、人間に裁きを下す神の絶対的な正しさを意味するのではない。ルターはそう理解した。ルターが「この認識を私は(修道院の)塔の小部屋において得た」と言ったと伝えられることから、これは「塔の体験」と呼ばれている。

このときから、ルターにとって、聖書はそれまでとまったく違う別の顔を見せるようになった。「今まで私が神の義という語を激しく憎んでいただけに、いまやこの語をもっとも素晴らしいことばとして誇る愛も大きかった」。神とは、恐ろしい「裁きの神」ではなく、慈しみ深い「恵みの神」だったのである。神に対するこの新しい認識が、以後のルターの神学的解釈原理、すなわち、神学的な諸問題を解決していく際の基本認識となった。いわば、一点突破から全面展開への道が開けたのである。

第2章　ことばが動き始める

1　町と人びと

ヴィッテンベルク

修道会の命によって、ルターがヴィッテンベルクの町に移ったのは、一五一一年の晩夏のことであった。ヴィッテンベルクはエルベ川沿いにある東部ドイツの小都市で、ベルリンとライプツィヒを結ぶ主要幹線の中間に位置する。エルベの伏流水もあって水はよく、ルターの時代にはすでに管で引いた水道水が共同利用されていた。

町の中心部は南北に走る一本の主要道路で貫かれ、二〇分も歩けば簡単に通り抜けられてしまう。細い小道まですべて歩き尽くせる小さな町である。町の周囲を固めていた城壁はごく一部を残して取り除かれ、現在は周回道路となっている。

その城壁につながって、ザクセン選帝侯の居城の一つであるヴィッテンベルク城がある。選帝侯は領内に四つの居城をもち、一年の間に順次まわって居住するのを習わしとしていた。この城の一角にあったのが、ルターの「九五箇条の提題」で知られる城教会である。

一方、中世の町の中心は教会である。町の中心部にはかつて聖マリア教会と呼ばれた、民衆たちの町教会があった。その隣りに町の行政を司る市役所があり、いまはその面前にルターの銅像が立っている。

筆者は、かつてあったルター研究センターの国際研究員として、この町に滞在したことがある。そのとき、こんなエピソードがあった。町に到着して間もなく、地元の新聞に「ルター著作の多くを日本語に翻訳した教授」という見出しで写真入りの記事が載った。二、三日後、町の通りを歩いていると、一人の青年に呼び止められた。「あなたが、ルターを全部日本語に訳された教授ですね？」

「全部」とはいささか正確さに欠けるのだが、とても親しげに握手を求められ、たちまち町の名士になってしま

ヴィッテンベルク旧市役所．ルターの時代に建てられたもの．庁舎の前にはルターの銅像が立っている．写真提供：阿部光成

った。だれもがルターに深い敬愛の念を抱く、人なつこい町なのである。

ドイツではこのヴィッテンベルクを含めて、「ルターの町 Lutherstadt」と呼ばれるところが四つある。誕生の地アイスレーベン、ラテン語学校に通ったアイゼナハ、修道士の道を歩みはじめたエルフルト、そしてヴィッテンベルク。この四つの町は、その名の上に特別に「ルターの町」と冠して呼ばれている。ドイツ史に占めるルターとこれらの町とのつながりの深さが想像できよう。

ただし、留意しておかなくてはならないこともある。中世以来の伝統あるヴィッテンベルクの町だが、ナチス政権時代には火薬工場が建設され、いまでは大きな化学工場を有する人口六万人の近代的な新市街がある。ナチスといえばユダヤ人虐殺が真っ先に思い浮かぶ。この「ルターの町」ヴィッテンベルクでも、いや「ルターの町」ヴィッテンベルクだったからこそ、厳しいユダヤ人狩りに努めたという、近くて暗い過去があることを忘れてはならない。この問題については、のちにまた述べることになるだろう。

町の人びと

ヴィッテンベルク町教会の聖壇を飾る中央の画のひとつは、ルカス・クラナッハ工房による

説教をするルター．中央には十字架のイエス・キリスト，左方にはヴィッテンベルクの人びとの顔が見える．クラナッハ画

「説教するルター」を描いたものである。デューラーと共に名を知られる画家クラナッハは、ルターの熱心な賛同者で、宗教改革の時代にはヴィッテンベルクの市長も務めていた。

町教会の絵では、右手に説教壇に立つルターが、中央には十字架のキリストが、左手には説教を聴く会衆が描かれている。一番前にはまだ小さい長男のハンス、その後ろには妻カタリーナ、その傍らには幼くして亡くなった次女マグダレーナがいる。マグダレーナ一人だけが正面を向いて描かれているのは画家の配慮だろうか。後列には白いひげを生やしたルカス・クラナッハ老人自身も立ち姿で描かれている。

当時、たかだか人口二〇〇〇人の小さな町である。町の人たちがこの絵を見たら、町の誰が描かれているかがすぐにわかったことだろう。町役人、鍛冶屋、パン屋の女将、肉屋の大将など、どれも親しい顔だったに違いない。修道院の指導者として赴任したルターも、そうした住民たちの一人であった。

町教会の説教者となってからルターは、人びとの名前を知り、懺悔の言葉に耳を傾け、彼らの心に触れ、言葉を交わしていった。教会の中だけでなく、町の路上で交わされる会話も少なくなかったに違いない。そこには、民衆たちとの生きた言葉のやりとりがあった。そうした日常の中でのやりとりを通じて、ルターは人びとの生活にふれ、その魂の問題に気づくようになった。そして、彼らの魂の救いのためには、何が必要かを考えるようになっていった。

町の人びとに対して、ルターがどのような教会戒規を課していたかを扱った研究書がある。それによると、ルターの場合、厳格な戒規というよりは、一人ひとりの立ち直りを願った教育的措置をとっている例が多い。また、『ルターの説教に反映する説教の聴き手たち』という研究書によると、町の人びとの生活やできごと、日々の様子などが、折にふれて説教の中で語られていることがわかる。町の人びとからすれば、ごく身近な町の修道士司祭とのふれあいの中で、宗教改革者としてのルターの説教を聴いていたことになる。そうした実生活に即した説教が、ルターの成し遂げた神学研究上の一点突破を、民衆の「信仰」という生の全面展開へと発展させる実践の場となっていたのである。

2　全面展開

ローマ書講義

最初の聖書講義となった詩篇講義(これは通常、「第一回詩篇講義」と呼ばれる。生涯何度も行った他の多くの詩篇講義と区別するためである)は、一五一三年の冬学期に始まって翌年の冬学期まで、三学期にわたる講義だったと思われる。この講義に続いてルターは、パウロによる「ローマの信徒への手紙(ローマ書)」を取り上げて、自ら成し遂げた一点突破の再検証を試みた。

ローマ書講義においてもルターは、詩篇講義の場合と同じように、ラテン語本文を印刷に付した上で、グロッセとスコリエの二つの原稿を用意した。この講義に関しては、自筆原稿のほかに、バチカンの古文書館に学生筆記が残っている。ルターの講義原稿とその学生筆記を比較すると、ルターがどんな講義を行っていたのかが、おおよそ浮かび上がってくる。グロッセに関しては、自分の用意した原稿を比較的忠実に学生に講じたようである。しかし、スコリエに関しては、原稿を用いはしたものの、すべてを読み上げ、講じたわけではなかったと見られる。

では、ルターは具体的に何を講じたのか。大きく三つある。まず第一に、人間の罪について

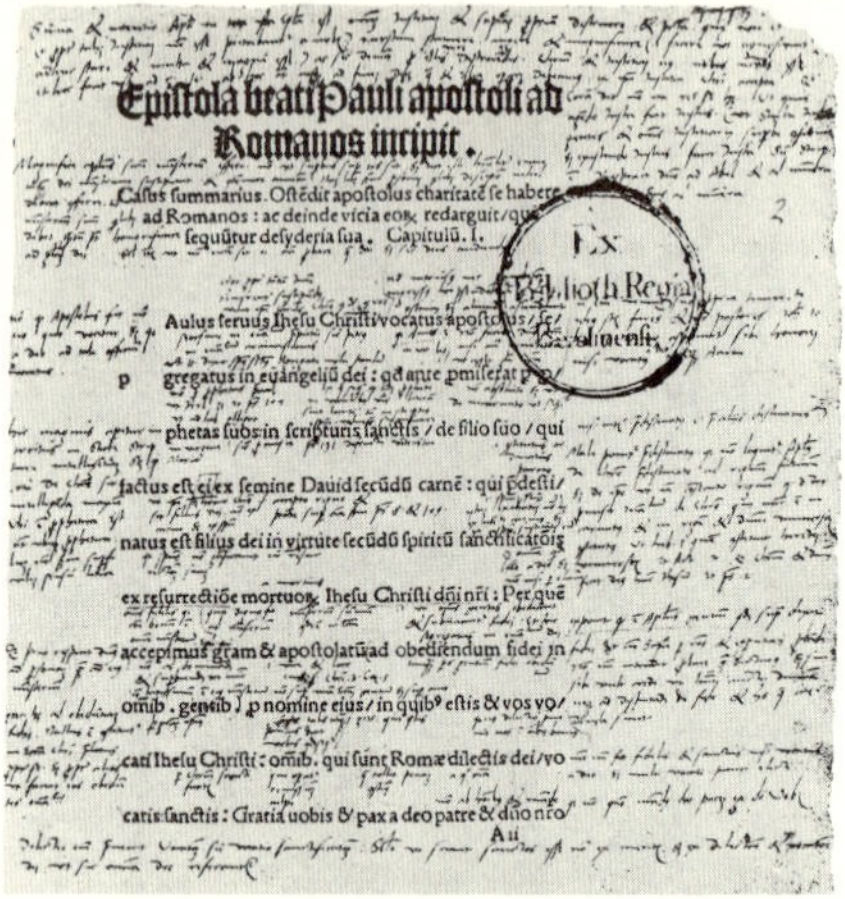

ローマ書講義の草稿(1515年). 20世紀初め, ベルリンで偶然発見された. 余白の書き込みの筆跡が発見の決め手となった

である。第二は、その罪からの救いとしての「恵みの義」についてである。そして第三は、人間はその「恵みの義」を、ただ信仰によってのみ受け止めることができる、ということである。ルターはローマ書の主旨について、つぎのように語っている。

「なぜなら、神は私たちを、私たちの中にある義と知恵によってではなく、私たちの外にある義と知恵によって救おうとしておられるからである。この義と知恵とは、私たちから出たり生じたりするものではなく、他のところから私たちの中に来るもの。私たちの地上に生じるものではなく、天から来るものである。したがって、外から来る、私たちのものでない義が教えられなくてはならない。それゆえにまず、私たち自身の、私たちの中にある義が取り去られなければならない」。

ここで「義」とは、第1章で説明したように、神から一方的に人間に与えられる「正しさ」という贈り物である。さらにいえば、その贈り物としての神の義は、イエス・キリストという形で人間に与えられる。神は人間にその贈り物を与えることで、人間を新しいものに造りかえてくれる。人間は、そう信じることによってのみ、その贈り物を受け取ることができ、救われる。パウロがローマ書で語っていることの核心はここにある、とルターは講義で説いた。

ルターがこう説くのは、人間という存在の奥底にある「罪」を見すえているからである。罪とはラテン語の聖書に訳されて、狭い意味になってしまった単語である。もともとのギリシア語の意味では、「まとはずれの」、神に「ふさわしくない」、神とは「反対の方を向いている」という意味の言葉であった。人間は心の奥底に、神に背く、どうしようもなくドロドロとした、どす黒いものを抱え込んでいる。自己の利益のためには神すら利用してやまない。ローマ書でパウロは、そうした人間の罪の大きさを伝えようとしている。ルターはそう捉えた。

人間の抱え込んでいる罪は、人間がどれほど真剣に心の底から正しくあろうとしても、どれほど知恵をめぐらせてみても、消せるものではない。人間がこの罪から救われるためには、自分自身の中にある知恵や正しくあろうとする心を打ち壊し、神から一方的に与えられる「贈り物」、すなわちイエス・キリストを一心に信じるほかはない。ここにルターは、詩篇において見出した「神の義」という突破口から、信仰という生の全面展開へと歩みはじめることとなった。宗教改革の扉がまさに開かれようとしていたのである。

さて、時は人文主義の時代である。古典への関心の高まりとともに、聖書もひとつの古典として読まれ、研究されるようになっていた。旧約聖書のヘブライ語校註ではロイヒリンの名が、新約聖書のギリシア語校註ではエラスムスの名が知られていた。ルターも神学を学びはじめた頃からギリシア語、ヘブライ語の順で学習を始めたようである。ヘブライ語は晩年に至るまでそれほどでもなかったが、ギリシア語については相当程度にまで知識を深めていた。

ルターは詩篇とローマ書の講義に際しては当初、フランスの人文主義者ファベル・スタプレンシスによるラテン語注解を利用していた。それが、一五一六年秋、ローマ書講義が後半に差しかかる頃、バーゼルからエラスムスのギリシア語新約聖書を取り寄せて活用しはじめた。これは、ルターによる聖書の新しい読みが、人文主義の古典研究と一つに結び付いたことを意味する。

エラスムスは、ギリシア語が専門の人文主義の第一人者である。ギリシアの古典を研究し出版するだけでなく、当時入手できるかぎりの写本を比較検討した上で、ギリシア語の新約聖書を自身のラテン語訳と註釈付きで刊行していた。「エラスムスが卵を産んで、ルターがそれを孵《かえ》した」と言われるように、エラスムスをはじめとする人文主義者たちの研究成果は、ルターの一点突破を支え、宗教改革において先駆的な役割を果たしたといえるだろう。ただし、ルターとエラスムスはのちに、それぞれの思想をめぐって激しく対立することになる。

十字架の神学

ルターはあたかも神と格闘するかのように、脂汗を流しながら聖書を読み、学生たちに聖書を講じていった。そして、ローマ書につづき、「ガラテヤの信徒への手紙(ガラテヤ書)」「ヘブライ人への手紙(ヘブライ書)」を取り上げ、自らの一点突破の正当性を確認すべく探究をつづける。

そうしておそらく、一五一八年冬学期から、ルターは「より資格づけられたと確信して」、再度、詩篇を講義に取り上げた。このときはもはや、グロッセとスコリエという、中世風の準備原稿は用意していない。代わりに印刷に付して配ったものは、詩篇の中に示される神学的な諸問題を論じた「神学的命題」とも言うべき形を取っていた。これによって、ルターの宗教改革的な神学が、ほぼ全面的に明示されたといえる。ルターは講義の中で、この新しい神学を

「十字架の神学」と呼んだ。

この講義での内容は、ルターの存命中から、『第二回詩篇講義』として出版されている。それまでの講義原稿は出版されていないことを見ると、自身の聖書理解を示すものとして、これこそ世に問うにふさわしいと考えていたことがうかがわれる。人間の救いは、イエス・キリストの受難と十字架の姿を、神のあるがままの姿として受け入れることで成就する。ルターは「十字架のみが、われわれの神学である」と説いた。

ギリシア思想の影響を受けて、中世のキリスト教神学は、「栄光の神」を中心に構築された、人間の思考にもとづく思弁神学の様相を呈していた。ルターによる十字架の神学は、このような人間を中心に築かれた神学に対するものであった。聖書のことばにのみ従い、神が自らのあるがままの姿として示した「キリストの十字架」を信仰の中心として受け止める。およそ栄光とはかけ離れた、みじめで無残なイエスの姿こそ、神の恵みと認めることから始まる神学である。

この神学には、ルターの人間理解が色濃く反映されており、その根源には、人間とは罪を犯さざるをえない存在であるという認識がある。人間は、その自由意志にもとづけば正しく良いものを選ぶように見えるが、そうではない。人間の自由意志とは罪の中での意志である。したがって、自由意志にもとづくと、人間は悪しか選ばない。だから、人間はそういう存在である自分自身に徹底的に絶望して、神の恵み(すなわち、「神の義」)をいただく必要がある。その神の恵みが、キリストの十字架である。ルターはそう説く。

キリストの十字架は、中世においては、目を背けたくなる忌むべき象徴であった。無残に刑死したイエスの姿は、みじめで弱々しく、みすぼらしい、ただの人間の男を想起させるだけで、そこには奇跡も栄光も何もないと思われた。ルターは、そのイメージを一八〇度逆転させる。神々しく、栄光に満ちあふれたイエス・キリストは、人間が罪の中でイメージしたものにすぎない。神が真に人間に示して見せる恵みとは、イエス・キリストの受難と十字架である。この無残なキリストの姿こそが、神が人間に与える「義(正しさ)」であり、人間はその「義」を受け入れることでのみ救われる。ルターはそう捉えたのである。

分かち合いから問いかけへ

ルターはこうして、修道院の一室での「塔の体験」に始まり、大学で聖書を講ずることを通して、まったく新しい聖書理解に到達した。ルターによる聖書講義は徐々に評判を呼び、新設の田舎大学にすぎなかったヴィッテンベルク大学を一躍、有名大学の地位にまで押し上げていった。のちに「九五箇条の提題」によってルターが時の人として脚光を浴びるようになると、ハイデルベルク大学やチュービンゲン大学といった名門校を追い抜いて、学生の数が急増した。ルターにとって聖書講義は、自身の聖書理解を学生たちと分かち合う活動であったと思われる。宗教改革とは根本的に「聖書を読む運動」といえるが、それはつまり、聖書をひとりで読むことから始まって、みんなと一緒に読み、読んだことをみんなと分かち合っていく運動である。その「みんな」に当たる最初の人たちが、ヴィッテンベルク大学の学生であった。

そして、『第二回詩篇講義』が印刷物として出版されると、ヴィッテンベルクの学生以外に、書物のかたちでルターの理解にふれる人びとが現れるようになった。ルターのメッセージは大学の講堂を出て世に伝わり、生活のただ中で聖書を読む人が増えていったのである。

またルター自身、聖書の分かち合いを大学の中だけに閉じ込めてはおかなかった。自ら民衆の中に入り、説教を行うことで広げようとしたのである。神学者が民衆に説教をすることの影響力は、いま私たちが想像する以上に大きい。大学の講義も、書物も、当時はすべてラテン語である。これを理解できる人はごく少数に限られていた。当時、読み書きができるのは平均しても一〇人に一人、民衆の間では二、三〇人に一人であった。しかし、ラテン語ではなく、民衆の言語であるドイツ語で語りかければ、聴いて理解できる力をもつ人はいる。ルターはそう信じて、大学で講義をする一方、聖書の福音を民衆にわかりやすく話し聞かせていった。ルターはのちに聖書のドイツ語訳の仕事に取り組むが、このときのドイツ語による説教の経験が翻訳作業に生かされることになる。ルターは「民衆の口の中をのぞき込むように」聖書を翻訳したと語っている。それは言い換えるならば、民衆は普段どんなふうに話をしているか、その話の背後で彼らは何を考えているか、何を問題と思い、何を必要と感じているか、そうした民衆の魂に向けて話をしなくてはならないと、ルターが考えていたことを示している。

それまでの中世において、民衆のための説教がなかったわけではない。ルターの属する修道会の系列であるフランシスコ修道会も、それと競争関係にあったドミニコ修道会も民衆の教化には熱心で、積極的に説教を行っていた。ルターの説教がそれらと異なるのは、彼の説教はあくまでイエス・キリストを中心に置いて語られる点である。聖書の中に記されている、神からの「贈り物」としてのイエス・キリストのことばを説き明かし、その意味を語り伝えることで、自らの説教としているのである。

では、かたや幾世紀にもわたって民衆を教導してきた、既存の修道会の説教者はその頃、何を語っていたか。「おまえたちの死んだ両親は、生きている間に償いを果たし終えないで死んだから、いまは煉獄《れんごく》というところで業火の苦しみに遭っているぞ。「助けてくれ、息子よ。自

贖宥状を売る説教師．その売り口上は，民衆の不安な心をつかんだ

分たちはおまえを生み育て、財産も残してやったではないか」。そう泣き叫んでいる声が聞こえないか。さあ、どうする。おまえたちは煉獄で苦しむ親たちのために、何もしてやらないのか。びた一文すら出さないのか。金貨がたった一枚、この箱の中でチャリンと音を立てるだけで、煉獄の苦しみはたちまち消え、親たちは天国に召し上げられるというのに」。

説教者は町に来ると、大きな集金箱を据え、お札をひらめかしながら、こういう説教をしていた。そのお札が、世に言う「免罪符」である。これを買えば、自分の罪への罰がすべて帳消しになると謳われた霊験《れいげん》あらたかなお札である。ただし、「免罪符」という日本での呼び名は、本当は正しくない。免じられるのは罪への罰、あるいは罪の償いであって、罪自体ではないからである。そこで、難しい呼び方になるが、キリスト教の世界ではこれを「贖宥状《しょくゆうじょう》」と呼んでいる。

これを怪しい霊感商法のように見るのは現代人の見方であろう。この説教にしても、お札にしても、当時の民衆の要求に十分応えていたことを見過ごしてはならない。問題は、不安な民衆の要求に乗じて、説教が民衆の魂を間違った方向に導いていることであった。聖書のことばを解き明かし、その意味を正しく語り伝え、民衆の魂を神に導いていくべき説教が、神ならざるものへと誤り導く道具に使われている。安易なかたちで罪の赦しを与え、民衆の心を動かしていく説教に対して、ルターは激しい憤りをおぼえた。ルターは信仰の基本に立ち、イエス・キリストのことばを語り伝える説教者として、この状況に対してどうしても発言せずにはいられなかった。

しかし、人間の罪をめぐって起きていた当時の状況に対して発言するということは、ローマ・カトリック教会という、ひとつの大きなシステムに対して疑義を提示することを意味する。中世までにローマ・カトリック教会は、神学や礼拝、組織のあり方、民衆の教化の仕方など、あらゆるものを包括する堅固で巨大なシステムとなっていた。当時の社会や生活の中で生じるすべての物事を、そのシステムを形づくる一つひとつの要素に位置づけ、組み込むようになっていたのである。次節でくわしく述べるが、「免罪符」もその要素の一つであった。

ただし、この大きなシステムには重大な欠陥があった。自分自身をチェックする機能がなかったのである。その問題点を指摘したのがルターであった。ただ一心に聖書のことばだけを探究してきた男が、いまやローマ・カトリック教会という無謬《むびゅう》のシステムに対して、根源的な問いを投げかけようとしていた。

3　九五箇条の提題

神学討論

当時の大学のカリキュラムには講義と並んで、講読と神学討論というプログラムがあった。講読とは、神学部の場合、神学の古典を読む時間である。中世は長く宗教改革に至るまで、ペトルス・ロンバルドゥスの『神学命題集』四巻が広く読まれていた。一方、他学部でいえば演習に相当するのが、神学討論である。異なる神学的立場を想定して、特定のテーマに関してそれぞれの立場からの提題を準備し、討論を行うものである。

神学討論には学部生レベルのものと、修士試験や博士試験の一部に当たるものがあった。そのほか、教授による模範とも言うべき討論もあり、さらには大学内部に留まらない公開の討論もあった。当時はさまざまな神学討論が各地で行われ、ひとしきり花盛りとなっていたのである。

この神学討論が、ルターの生涯の節目ごとに重要な役割を果たした。問題提起の形で神学討論に訴えるということは、聖書の理解を深めるうえでルターに絶好の機会を与えた。また、ルターの神学討論で示される提題は、特定の神学的テーマを扱いながらも、その時々の彼の聖書理解の進み具合を反映している点で興味深い。一点突破が生と信仰の全面展開として現れてくる様子が、テーマに即して明らかになってくるからである。

ルターによる最初の討論提題は、一五一六年九月、学生の神学命題集学士資格取得のための試験に際して執筆した、『恵みによらない人間の力と意志とについて論じられた問題』である。ルターはここで、オッカムをはじめとする唯名論の人間理解に「否」を突きつける。唯名論の影響下で学問形成をしたルターは、その学問伝統を受け継いではいたものの、神の恵みに依拠しない唯名論の人間理解には、否定的な見解をもつようになっていた。

それから二年後の一五一八年四月、ハイデルベルクにおいてアウグスティヌス修道会の総会が開催された。修道会の指導部はルターに出席を求め、彼の神学的立場を明示する神学討論を行うよう命じた。のちに「ハイデルベルク討論」と呼ばれる、重要な神学討論である。

ちょうどその頃、ルターは第二回詩篇講義を始めたところで、自らの神学の全面的構築が成り、自信をもってこの討論に臨んだ。ルターは討論を始めるに当たって、神学的提題と哲学的提題の二つの提題を掲げた。とりわけ神学的提題は、つぎの四つをもってルターの「十字架の神学」の核心を示している点で重要である。

一、律法とそれにもとづく人間の行いによっては、人間は救われないこと。

二、罪に堕ちた後の人間の自由意志とは名ばかりであって、これによるかぎり、人間は罪を犯すほかはないこと。

三、神の恵みを得るには、人間は自己自身に徹底的に絶望するしかないこと。

四、神の救いの啓示は、キリストの十字架によってのみ与えられること。

もう一方の哲学的提題では、キリストとはまったく関係のないアリストテレスを根拠として営まれる当時の神学を批判し、神学をギリシア哲学から解放すべきであるとの立場を明らかにした。こうした一連の主張は、神学的提題の最後の箇条、「神の愛は愛する対象を見出すのではなく、創造する。人間の愛はその愛する対象によって成立する」をもって総括される。

ハイデルベルク討論は公開で行われたため、多くの人が傍聴に訪れた。聴衆のなかには名門ハイデルベルク大学の教授たちもいたが、小さな田舎大学教授の討論にさしたる関心は示さなかった。しかし、若い修道士や司祭のなかには、ルターの討論に強烈な印象を受け、その神学的発言に共感して、のちに宗教改革に加わることになる者もいた。ストラスブールの宗教改革者となり、ドイツとスイスの宗教改革の仲立ちをしたマルティン・ブーツァーや、シュトゥットガルトの宗教改革を指導したヨハン・ブレンツなどである。

ローマ教会への問い

これら二つの神学討論に挟まって、一五一七年一〇月末に公にされた討論提題が、全ヨーロッパにルターの名を知らしめ、のちに宗教改革と呼ばれる歴史上の大事件をもたらす引き金となった。

このときルターが示した提題は通常、「九五箇条の提題」と呼ばれているが、正確には「贖宥の効力を明らかにするための討論提題」である。もとはラテン語で書かれていたこの提題は、わずか二週間ほどで全ヨーロッパを駆けめぐり、大反響を巻き起こした。いまでいえば、たかだかB4ぐらいの紙一枚にすぎない文書が、キリスト教の歴史を変えることになろうとは、当のルター自身も想像すらしなかったはずである。

この提題の紙は、一五一七年一〇月三一日にヴィッテンベルク城教会の扉に掲示された、と言われている。しかし、ルター自身はそのことに何ら言及しておらず、また同時代の人びとの目撃証言に当たるものもない。確かなのは、ルターがこの日付で送った、マインツの大司教ア

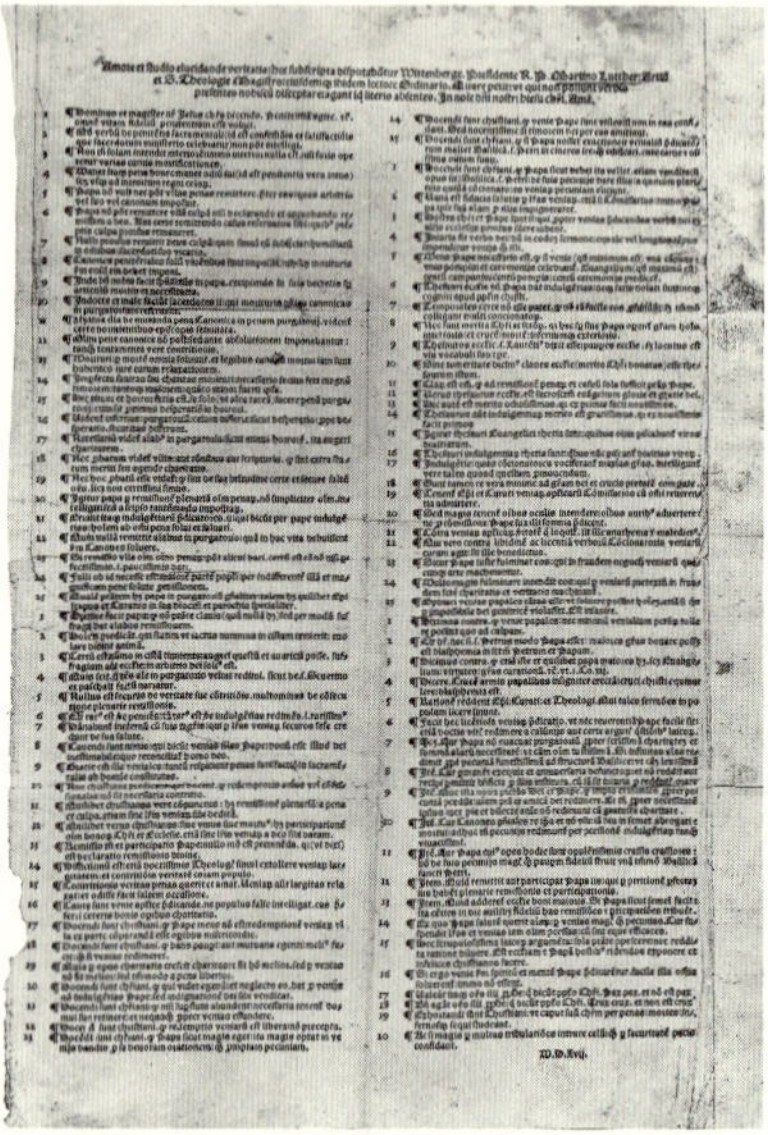

九五箇条の提題(1517 年に印刷されたもの).現在の B4 くらいの大きさで，各箇条には便宜上と思われる数字が付されている

ルブレヒト・フォン・ブランデンブルク宛ての手紙に、提題の紙が添えてあったという事実のみである。

より重要なのは「一〇月三一日」という日付であろう。翌一一月一日は、年一回、ヴィッテンベルクの町で行われる聖遺物のご開帳日であった。霊験あらたかな聖遺物を拝見すると、煉獄の炎の苦しみは二万年帳消しになると言われていた。ルターはあえてその前日に、九五箇条の提題を示したのである。

さて、ここで提題の内容について語る前に、タイトルにもある「贖宥」について、もう一度説明を加えておく必要があるだろう。ゲルマン世界に浸透していったキリスト教は、中世を経て、ゲルマンのものの考え方と徐々に融合していった。贖宥がひとつの制度として定着するに至る過程もその一例である。

制度としての贖宥の成立には、ゲルマン世界に広く見られた損害と賠償、代理という考え方が強く影響している。彼らの世界では、他者に損害を与えた場合、その損害に対する等価の賠償を必要とし、その賠償には代理をもって当てられるという慣行があった。この慣行を民衆の宗教体験の中に具体化したものが贖宥である。

人間が罪を犯せば、それは神に対して損害を与えたことになる。したがって、人間は神に対してその損害を賠償しなくてはならない。そこで、罪を犯した人間はこれを心から悔い、神の代理である司祭の前で自らの罪を告白する。告白を聴いた司祭は、神に代わって罪を赦すと共に、それに続いて罪の償いのために一人ひとりにふさわしい罰を科し、罪を具体的な行いによって償うよう求めた。行いにもとづく、こうした罪の赦しと償いの仕組みを「悔悛《かいしゅん》の秘跡《ひせき》（懺悔聴聞）」という。

七世紀頃のアイルランドで始まったとされる悔悛の秘跡は、当初は修道士たちが担う、民衆の魂を配慮する真剣な行動であった。断食をせよ、施しをせよ、徹夜の祈りをせよなどという、一人ひとりに対する罰として科せられる償いを、修道士たちは祈りつつ、人びとの代理となって果たしたのだった。そうした修道士たちの熱心な働きによって、この時期のアイルランドではキリスト教が爆発的に民衆に受け入れられた。

ところが、この償いの行いが民衆の間にも広まり一般化され、ひとつの制度になると、徐々に空洞化が進んでいく。厳しい償いの行いを果たさなくても、罪の赦しが受けられるように変わっていったのである。まずは、償いが、代理を立てて果たすこともできるようになった。自分に科せられた罰を自分で果たすのではなく、誰か別の代理を立てて果たしてもらうのである。これが、贖宥の始まりである。

さらには、人間は日頃の良い行いを業績として積み立てておけるとみなされるようになり、その積立てを償いに当てることもできる、とされた。自分のために積み立てられるなら、他人のためにも積み立てられる、と考えられても不思議ではない。生前に良い行いが多く、業績を積み残したまま死んだ人の業績を、教会は「教会の宝」として積み貯めて、時に応じてこれを用いることができると考えられるようになった。しかも、その宝は、ローマ教皇の裁量で現世の人びとに分け与えられる、ということになっていった。教皇から宝を分け与えられた人は、罪の償いを免じられる。こうして教皇が教会の宝を分け与える証明書が「贖宥状」である。

贖宥状という「便利」なものが生まれてからは、もはや身をもって罰を受ける必要もなくなり、代理人を立てる必要もなくなった。贖宥状さえ手に入れば、罪の償いはすべて免じられるからである。そんな便利なものがあるならば、当然、人びとは欲しがる。贖宥状はやがて金銭と結びつくようになり、教会に金銭などを寄進すれば誰でも得られる、という具合に発展していった。かくして、ヨーロッパ各地の教会を通じて、教皇庁に莫大な金銭が流れ込むようになった。いわば、教会の経済システム化である。

　一例を挙げよう。ルターが九五箇条の提題を添えて手紙を送った、アルブレヒト・フォン・ブランデンブルクはその少し前、バチカンの聖ピエトロ大聖堂の修築費用にと称して、ローマ教皇に莫大な寄進を行った。ただし、それは表向きのこと。内実は、マクデブルク、ハルバーシュタット、マインツという三つの司教区の大司教職を兼任するための献金であった。アルブレヒトに一時資金を提供したのは、資本家アウグスブルクのフッガー家である。名うて

Forma absolutionis totiens quotiens in vita

Forma absolutionis et plenissime remissionis semel in vita et in mortis articulo

贖宥状．1516–17年頃，聖ピエトロ大聖堂修築に関連して，マインツで刷られたもの．これを得る者には罪に対する償いが免除されるという主旨の言葉が印刷されている

の高利貸しでもあるフッガー家が、何の見返りもなしに大金を工面するはずがない。当然、狙いがあった。アルブレヒトを大司教職に就けて己の権勢を高めるとともに、大聖堂修築を建前に教皇から贖宥状の販売認可を引き出すのが本心であった。謀《はかりごと》は思惑どおり運び、アルブレヒトは大司教職に就き、貸した金の倍額に当たる贖宥状の販売認可が下りた。

その贖宥状の販売を委託されたのが、ドミニコ会の修道士、当代きっての民衆説教者として有名だったヨハン・テッツェルである。彼は、仰々しく教皇旗を掲げて町々を訪れ、民衆の不安な心に乗じて贖宥状を売りさばいた。「金貨が箱の中でチャリンと音を立てるや否や、煉獄で苦しむ者たちの魂はたちまち天国に召し上げられる」などと説教していたのは、テッツェルであった。

ルターが直面していたのは、金銭を得るためならば、聖書にないことさえも説く、聖職者たちのこうした現実であった。ルターは、これを民衆の魂に対する危機と受け止めた。そして、その現実と、背後にあるローマ・カトリック教会というシステム全体に対する問題提起を、九五箇条の提題に託したのである。

ルターは九五箇条の提題を、聖書のことばの解釈から始める。教会への問いかけは、聖書のことばからの問いかけでなくてはならなかったのである。提題の第一条はこう書かれている。「私たちの主であり師であるイエス・キリストが、「あなたがたは悔い改めなさい」と言われたとき、イエスは信じる者の全生涯が悔い改めであることをお望みになったのである」。ルターは、ラテン語でなく、もとのギリシア語に立ち戻って聖書を読み、イエスが「悔い改めなさい」と言ったのは、自分たち人間に日々時々刻々、悔い改めを望んでいるからだと理解した。「いくら罪を犯したくないと思っていても、罪を犯さずにはいられない。人間とはそういうものだ。しかし、毎日のひと時ひと時を心から悔い改めるならば、私がいる」とイエスは言っている。ルターは聖書のことばをそう受け止めた。そして、九五箇条にわたる提題を記し、つぎのように問いかけたのである。

心の中の本当の悔い改めがなければ、どれほど一生懸命に罪の償いを果たしても無駄である。罪の償いは、死んで天国に入るその日まで続くものであり、人間はその絶望の中からしか神の恵みを得られない。それにもかかわらず教会は、犯した罪の赦しが与えられると言うばかりか、「これを買えば大丈夫だ」と偽りの平安を告げながら、罪の償いまでも免除されると言ってはばからない。教会の行いは、ただ神の御心《みこころ》にのみ添うものであって、人間の我欲や利得とは一切関わりをもたないもののはずである。「教会の宝」とはひとえに、聖書の中に示されるイエス・キリストのことばと働き、すなわち福音ではないのか。

こう問いかける九五箇条の提題には、まえがきがある。「以下の内容による神学討論を行いたい。討論の希望者は出席して、私と口頭で議論してほしい。出席できない人は、文書で見解を示してくださるよう、お願いする。この主題についての私の見解は以下のとおりである」。自身の見解に対する賛成、反対を問わず、広く討論を呼びかけたのである。神学討論は大学の通常カリキュラムのひとつであり、ルターの呼びかけに無用な挑発は何ひとつ含まれていない。しかし、教会慣習を問うルターの提題に応じる者は現れず、討論は実現を見なかった。

九五箇条の提題でルターが聖職者や神学者たちに問いかけ、訴えようとしていたことは、単なる教会批判ではなく、民衆の魂の救いのためには何が必要かということであった。ルターの関心の中心は民衆の魂の救いにあり、神学研究はあくまでそのための手段であった。

ルターが提題の内容を民衆に伝えようと思っていたことは確かである。提題を示したちょうどその頃、いくつかの機会を捉えて、同じテーマで民衆に説教も行っている。提題をドイツ語に翻訳したことからも、そうした意図が察せられる。そのドイツ語訳『贖宥と恩恵についての説教』という小著作は、九五箇条での主要な論点を二〇段落にまとめ、聖書のことばをもとに、より一層根拠を明瞭にして、贖宥に頼ることの誤りを民衆に説いたものである。

　当初は何ら反応を得られなかった九五箇条の提題だが、各地で印刷物の形で出回り、読み聞かせが行われるようになると、農民や都市部の商工業者など、多くの民衆がこれに賛同しはじめた。また、勃興途上にあったドイツ・ナショナリズムの立場のドイツ騎士たちも強い反応を示した。政治的統一に出遅れたドイツは、各地の教会を通じて教皇庁に富を吸い上げられていた。贖宥状のからくりを見抜いていた人びとは、教皇庁に対して不信と不満を募らせていたのである。その上にさらに、教皇の権力に対抗する諸侯の政治的な動きも加わった。

　しかし、ローマ側からの批判と反発は、それ以上に激烈かつ深刻であった。ルターは間もなく、猛烈な反対の嵐の中に身を置かざるをえなくなる。

第3章　ことばが前進する

1　嵐の中で

中世の異端裁判としては、ジャンヌ・ダルク、ヤン・フスのそれがよく知られる。異端裁判というと、異端決定から処刑までのすべてを教会が行ったように思われているが、そうではない。教会が行うのは異端の判決までで、そこから先、異端者は世俗権力に引き渡された。処刑は皇帝や国王の名の下に執り行われたのが普通である。

告発された人物が神学者の場合、事は神学論争、教会の審問、異端の決定、世俗権力の対応という順で運ぶ。ルターの場合もまさに同様であった。ただし、ルターに異端の判決が下ったのは、九五箇条の提題から数えて三年以上後である。これはきわめて異例の事態で、しかもルターは処刑をまぬがれた。教会が社会の中で絶対的な力をもち、世俗権力がこれに付き従う時代は終わっていたのである。

九五箇条の提題によってルターは一躍「時の人」となる一方、「渦中の人」となっていく。とくに一五一八年から二一年にかけての四年間は、まさに嵐の中の四年間といってよい。反対者たちからの非難と誹謗中傷、教皇庁からの圧力と脅迫、そして三つの重大事件が身に降りかかる。一五一八年のアウグスブルク審問、翌一九年のライプツィヒ討論、そして一五二一年のウォルムス喚問である。ここからは、それら一連の事件について見ていくことにしよう。

アウグスブルク審問

ルターは九五箇条の提題で、教会のなすべきことはすべて、聖書のことばから出発すべきではないのかと問うた。その問いかけに応え、ドイツ各地で賛同する声が続々と上がりはじめると、マインツの大司教アルブレヒトは穏やかでいられなくなった。このままではテッツェルに託した贖宥状の販売が危うくなるからである。アルブレヒトは、ドイツで進行中の状況についてローマに報告し、教皇に至急対応するよう要請した。一方、対抗勢力であるドミニコ修道会は、ルターには異端の嫌疑があり、至急告発すべきであるとの訴えをローマに上げていた。

ローマ教皇レオ十世(在位1513-21). 反抗するルターを沈黙させせようと画策したが, 果たせなかった

ところが、その知らせを聞いても、ローマ教皇レ

オ十世はさしたる関心を示さなかった。ドイツの田舎修道士たちの内輪喧嘩としか見ていなかったのである。教皇はただ、ルターを黙らせるようアウグスティヌス修道会に言い渡すのみであった。そうして開かれたのが、さきに紹介したハイデルベルク討論である。修道会は穏便に事を収めたかったが、ルターはこの機会をとらえて「十字架の神学」の核心について語り、自身の問いかけを取り下げなかった。

教皇がほとんど無関心である一方、ルターの提題を教会の権威への重大な挑戦であると見て取った人びとはいた。その反対と非難の多くは論争文書の形で表明された。ただし、いずれも教会の無謬《むびゅう》性と教皇の権威の絶対性を主張するのみで、ルターが問いかけた贖宥の問題を神学的に論じるものはなかった。そのため、お互いの主張は平行線をたどり、論争にならなかったのである。

しかし、提題が出されて半年もたつと、ドイツでは賛否両論が錯綜する混乱状態になり、ローマもいよいよこれを放置しておけなくなる。一五一八年七月、ルターを六〇日以内にローマに召喚し、異端審問に付すとの決定が下された。ところが、この決定にドイツの民衆をはじめ諸侯、諸勢力が猛反発、ザクセン選帝侯からは「ドイツ人民のドイツ領内での審問」の要求が上がる事態となった。

選帝侯との無用な軋轢《あつれき》を避けたい教皇は、ここで一計をめぐらす。折しもドイツ南部アウグスブルクで開かれていた神聖ローマ帝国の議会には、カエタン枢機卿が教皇特使として派遣されていた。そのカエタンに、ルターの異端審問を行うよう命じたのである。

アウグスブルク審問(想像図). カエタン枢機卿によるルターの異端審問が, 1518 年 10 月, 帝国議会の舞台裏で密かに行われた

審問は、一五一八年一〇月、議会の舞台裏で非公開のうちに行われた。そこでどのようなやり取りが交わされたかは、やや一方的ではあるが、ルターの『アウグスブルク審問記録』という文書が伝えている。カエタン枢機卿は、トマス・アクィナスの注解書を著すなど、学識深い神学者でもあった。審問に当たって彼は、ルターのラテン語著作をつぶさに読んでいた。審問は九五箇条の提題の是非をめぐってのものであったが、カエタンはルターの主張の行き着くところに、教皇の権威を否定するものがあることを見て取った。おそらく、当のルターが想像していた以上に、事の重大性、危険性に気づいていたはずである。教皇の意をくんだ

カエタンは、この事態を収拾するにはルターを説得し、すべてを撤回させるより他はないと考えた。

カエタンは、二つの点において、ルターの主張には受け入れがたい問題があると見ていた。ひとつは、教皇の権威の点において、もうひとつは、信仰の点においてである。中世のキリスト教世界では、教会の教えと恵みが、何にもまして重要なものであり、信じ従うべきものとされていた。そして、教皇の権威が、それらを支える最終的な拠り所であった。しかし、ルターが主張するように、すべては聖書のことばに拠らねばならないとしたら、どうなるか。教会も、教皇も、聖書のことばに従わなくてはならないことになる。一人ひとりが聖書のことばと向き合い、ただ神の義を受け入れることでのみ救われるのだとしたら、教会の教えや恵みは何も意味をもたなくなるどころか、神に背くものになってしまう。ルターの主張は、教皇を頂点に戴くローマ・カトリック教会というシステムにとって、自らの存在を根底から揺るがしかねない主張だったのである。

ところが、ルターはカエタンの言うことに従わず、撤回をあくまで拒否した。教皇から「父のごとく接し諭すように」と指示されていたこともあって、カエタンはなんとか説き伏せようと努めたが、ルターは断固として受け入れない。カエタンは終いには怒りを露わに、「ここから立ち去れ。二度と私の前に現れるな」と言い放つ以外になくなってしまった。異端の決定を下すまでには至らなかったが、異端審問での枢機卿の発言は重い。ルターはこれで後戻りできなくなった。ここで物別れに終わったことは、以後のルターの処遇はもちろん、ルター自身にとって決定的な意味をもつことになる。

ライプツィヒ討論

ルターに対する反対者、非難者は数知れずいたが、なかでも「仇敵」といえるのが、討論の名手として知られていた、インゴルシュタット大学の神学者ヨハン・エックである。のちにルターはこの人物を「キリストと真理との特別な敵」と呼んで激しく非難することになるが、そのエックと公の場で初めて対決することになったのが、ライプツィヒ討論である。

アウグスブルク審問の後、教皇庁としては、ルターに異端者の決定を下すには、公の場でその主張を完全に否定し、ルターが紛う方なき異端者であることを世に知らしめる必要があった。その意を受けて登場したのがエックである。ライプツィヒ討論は、一五一九年の六月から七月、約二週間にわたって行われた。そもそもは、エックとルターの大学での同僚カールシュタットが計画した神学討論であった。この時代、神学討論が開かれるのはごく普通のことである。し

ヨハン・エック(1486-1543). ルターの宿敵ともいえる人物. 生涯にわたり宗教改革に強く反対した

かし、エックには別の狙いもあった。ルターをこの討論に引き込み、異端者として弾劾することである。

　目論見どおり、ルターを討論に引き込んだエックは、得意の弁舌で彼を徹底的に追い詰め、決定的な言葉を引き出すことに成功する。討論の終盤、エックは巧みにルターを誘導しながら、「教皇の権威を認めないというならば、あなたはヤン・フスと同じではないか」と非難した。ヤン・フスとは、その約一〇〇年前、教皇の権威を否定して火刑に処せられたボヘミアの神学者である。宗教改革の先駆者ともいえる人物で、その思想は根本の部分でルターと相通じるものがあった。それを見越したうえでの、エックの仕掛けた罠である。

　そして、エックの思惑どおり、ルターはその罠にかかった。「ヤン・フスの教えの中にも福音的なものが含まれる」と答えてしまう。エックはそのひと言を逃さなかった。「ならば、かつてコンスタンツ公会議において、教会がヤン・フスを異端者として裁いたのは誤りであったのか」と追い打ちをかける。その問いに対して、ルターははっきりとこう言った。

「教会の歴史のなかで、教皇も公会議も誤りを犯すことがあった」。

教皇と公会議は決して誤りを犯さないと考えられていた当時のことである。この発言は重大な嫌疑のもとになる。しかもルターは、この発言によって、異端者の見解を擁護したという責めを負わされる格好になった。

ライプツィヒ討論はそもそも、神学的な討論によって結論を出す場であるはずだった。ルターはこの討論に当たって、机に古今の書籍をうずたかく積み上げ、そばにはフィリップ・メランヒトンという青年を助手に付けて臨んでいる。メランヒトンは、ルターの発言に応じて、持参した文献の中から必要な引用箇所を差し出す役として臨席していた。ギリシア語にすぐれ、弱冠二一歳にしてヴィッテンベルク大学の教授を務める秀才である。

ルターが洞察をもって新しい思想を提示していく才能に秀でていたのに対して、メランヒトンはそうした思想を体系立て、ひとつにまとめ上げていく才能に恵まれていた。彼の著作は、人文主義の知識人たちに宗教改革の精神を伝える橋渡しとなった。宗教改革の最初の体系的な神学書『神学総覧』(一五二一年)を書いたのも彼であった。その意味で、宗教改革の推進のためにメランヒトンが果たした役割はきわめて大きいといえる。

フィリップ・メランヒトン（1497–1560）．俊才の呼び声高く，21歳でヴィッテンベルク大学の教授に就任．ルターの思想を体系立て，人文主義者らとの橋渡し役を務めた

余談だが、ヨーロッパの学者に接していると、ギリシアやローマの古典を原語のまま空で暗記していて、「何々の第何章第何節によると」という具合に、必要なときに必要な箇所を即座に引用し、黒板にすらすらと書いてみせる人に出くわすことがある。メランヒトンという人はおそらく、そういう学者であったと思われる。ルターのそばに付いて、その発言の根拠となる一節を的確に示して見せて、サポートしていたのである。

ルターはそのように学問的な準備を万端整えて討論に臨んだわけだが、最終的には思いもかけない形で、エックの側に凱歌が挙がったようにみえた。ライプツィヒ討論は神学討論の形式をとってはいたが、実際は、公の場でルターに異端者の烙印を押すためのものであったことは否定できない。ルターがエックを「キリストと真理との特別な敵」とまで呼んで激しく憎んだのには、こうしたいきさつが関係していると考えられる。これ以後、ルター破門へ向けての動きが加速していくことになる。

破門の大教勅

ライプツィヒ討論は、ルターと教皇庁との断絶を決定的なものにした。両者の間に妥協はありえず、共通の理解に至ることは不可能であることが明らかになった。それはルターにとって、もはや論争ではなく、生き残りをかけた闘争の始まりを意味していた。

ルターはライプツィヒ討論の後、ドイツ語での著作活動に精力を注ぎはじめる。洗礼についての著作、聖餐《せいさん》についての著作、破門についての著作、死への準備についての著作、キリストの受難についての著作、教会についての著作など、いずれも口頭で語ったとすればそのまま説教にもなる、民衆にわかりやすい言葉で書かれたドイツ語の著作である。

一五二〇年という年は、ルターの著作活動がひとつのピークを迎えた年である。くわしくは第4章で紹介するように、その中には『キリスト者の自由について』など、重要な著作が多く含まれる。ルターを取り巻く外的な状況はきわめて深刻なものに発展していたが、反対者たちと対峙するときとは異なり、ドイツ語で書かれた著作に強い批判的な要素はない。聖書にもとづく新しい信仰のあり方を伝えたいという、ルターの願いがただ率直に表れている。

しかし、立場が違えば、それもまったく別のものとして映る。エックをはじめとする反対者たちはこれを激しく非難し、ルターを破門へと追い込むべく動きはじめる。また、ルターの賛同者と反対者との間では、激しい誹謗中傷の応酬がくり返され、互いに敵意をむき出しにした対立が深まっていた。

そういう混乱状態のさなか、自説を撤回しなければ破門とするという、エック起草による、いわゆる「破門脅迫の大教勅《きょうちょく》」が発せられた。破門とはローマ教会法が定める制裁のひとつで、ルターが突きつけられたのは、そのなかでも最も重い「大破門」である。このとき発せられた教勅は、その一歩手前の、いわば最後通牒であった。教勅はドイツ各地で布告されながら、一〇月一〇日にはルター自身の手に渡る。そこには、撤回期限が六〇日と明記されていた。

ルターは教勅を手にした翌日の手紙の中で、すべてはエックのせいだとしながらも、「すでに私は自由になっています。ついに教皇は反キリストだと確信するようになりました」と書いている。これで踏ん切りがついたのか、覚悟が決まったのか、六〇日の期限が切れる一二月一〇日、ルターはヴィッテンベルクの城外で、教皇派の多くの神学書と共に教勅と教会法を焼却した。法に背き、処刑される者の刑は都市の中でなく、都市の外でという慣習を受けての行動である。「おまえは神のことばを汚したので、私はおまえを火中に投じる」と、ルターは集まっていた学生や市民の前で宣告したという。

教勅を火に投じたことはもちろんだが、ここではそれよりも、教会法を焼いたことに注目すべきだろう。ローマ・カトリック教会では、教会法は世俗の法とは違い、神が教会に与えた法と理解されていた。それを火中に投じたということは、ローマに対する全面否定の意志表示を意味していたからである。

そして、年が明けて翌二一年の一月三日、教皇からついに破門の大教勅が発せられた。この破門の大教勅は、二一世紀の現代に至るも、いまだ解かれていない。

ウォルムス喚問

このような教会の決定を受け、慣習に従って、ルターの処置を決定するのは皇帝である。しかし、ルターの処置はしばらく棚上げにされた。折しも、神聖ローマ皇帝の選出をめぐって、ドイツ内では複雑な政治的駆け引きがくり広げられている最中だったからである。教皇の思惑もからんで、あるときは駆け引きの切り札のように使われたり、またあるときはまったく放置されていたりと、ルターの処遇はどのようになるのか、すぐにはわからない状態であった。

それが、年老いた皇帝マクシミリアンが死亡し、その孫であるスペイン王カールに皇帝位が決すると、いよいよルターの問題に結論を出す時が迫ってくる。ルターの問題はドイツ内の騒擾《そうじょう》とも結びついて、高度に政治的な問題に発展していた。新皇帝カール五世はウォルムスの町で開かれる帝国議会にルターを召喚し、その場での審議をへて、この問題に結着をつけようと図った。現代の日本でいえば、国会の証人喚問と最高裁判所の裁判に相当するものである。

ウォルムスという町は、現在ならフランクフルトから列車で行けば一時間ほどで着く。当時は大司教もいて、大聖堂のある町として教会的にも政治的にも重要な町であった。神聖ローマ帝国の議会は、各都市で持ち回りのようにして開催地を変えていた。ルターがカエタン枢機卿の審問を受けたときはアウグスブルクで開かれていたが、この一五二一年の議会はウォルムスで開かれることになっていたのである。

そのころ議会に出席していた諸侯、諸身分はおよそ四〇〇名だったという。きらびやかな高位顕官たちが居並ぶなかを、ひとり黒い修道服をまとった痩身の修道士ルターが入場して喚問は始まった。ルターの前には机が一つ置かれ、そこには自分の書いた本が積み上げられていた。審議を司る皇帝の顧問官は、ルターに三つのことを尋ねた。その本はおまえのものか。その本の中に書かれていることはすべておまえの考えか。その本に書かれていることをおまえは撤回するか。いずれもイエスか、ノーかである。もはや弁明は一切無用であった。

ルターは繰り返されたこの問いに対して、二日目の喚問の際にこう答えたと記録している。

「聖書の証言と明白な根拠をもって服せしめられないかぎり、私は、私が挙げた聖句に服しつづけます。私の良心は神のことばにとらえられています。なぜなら私は、教皇も公会議も信じないからです。それらはしばしば誤りを犯し、互いに矛盾していることは明白だからです。

ウォルムス喚問(想像図). 中央右手がルター. 中央奥には若き皇帝カール五世が座す. ルターのそばには書籍が積まれている

私は取り消すことはできませんし、取り消すつもりもありません。良心に反したことをするのは、確実なことでも、得策なことでもないからです。神よ、私を助けたまえ、アーメン」。

ヨーロッパの近代は、思想的には、個人の人格、主体性、信念や信条を尊重することを基本に発展したが、ルターのこの発言はその先駆けとなったともいえるだろう。ただし、ルターの言う「良心」とは、神という絶対的な存在を前にしての良心であって、近代の思想家たちが考える、人間を主体とした良心とは異なることに注意が必要である。ルターには、人間は罪を犯さざるをえない存在であるという認識

カール五世(1500-1558). 神聖ローマ帝国皇帝. 宗教改革の撲滅を誓って努力したが, 果たせず, 退位することになる

があった。そういう存在である人間の良心は、自ら善きものになれるものではなく、神のことばにとらえられることで初めて善きものになれる。ルターの回答の最後、「神よ、私を助けたまえ」という言葉は、そのことを語っているのである。

ルターはこう語ると議場を後にし、次の週には一路、ヴィッテンベルクへの帰途についた。皇帝はこの喚問に際して往復路の安全を保証していたが、そのようなものは当てにできない。ルター暗殺をささやく者に対して皇帝は、「私の約したことは、約したままに」と言ったというが、はたして本音はどうであったか。のちに宗教改革のうねりが止めようもなくなったとき、「あのとき、ルターを始末しておけばよかった」とほぞを噛んだという話も伝わる。

議会閉幕後、カール五世は、ルターの帝国内における一切の法的保護を剝奪するという決定を下した。帝国議会はその決定を勅令として公にした。これは国を挙げての村八分のようなもので、ルターは以後、帝国内では存在を無視される者になった。もし危害を加える者がいても一切お咎めなしということでもあり、つねに命の危険に晒される身の上になったわけである。しかし、ヤン・フスのように火刑に処せられることは免れた。ドイツでの情勢を考えると、皇帝もそのような決断は下せなかったのである。教皇にかつての強大な権力がないことも、これで明らかとなった。時代は変わりつつあった。

ルター、ルターになる

ところで、これまでマルティン・ルターの呼び名について何気なく「ルター」と書いてきたが、注意深い読者は、「ルダー」と名乗っていた父ハンスとの違いを不思議に思われたかも知れない。じつはこの章の冒頭あたりの時期までは、ルターも同じく、家族名である「ルダー」を名乗っていたのである。それが、九五箇条の提題を公にした頃を境に、「ルター」と名乗りはじめた。

現存するルターの、その頃の手紙の署名を一つひとつ調べた研究者がいる。その研究者によると、その頃のルターには三つの異なる名前があったという。家族の名前「ルダー」、人文主義者の間で流行していたギリシア風の名前「エレウテリウス」、そしてよく知られた名前「ルター」である。

「ルダー」という名前が見られるのは、手紙では一五一七年九月のものが最後である。その直後、同年一〇月半ばあたりから「エレウテリウス」と名乗りはじめる。「エレウテリウス」には、ギリシア語で「自由である者」という意味がある。第2章で述べたように、ルターがエラスムス校註によるギリシア語新約聖書を入手し、研究に用いるようになったのは、前年のローマ書講義が後半に差しかかった頃である。この講義で彼は、神の義との関係から奴隷と自由について論じている。

「エレウテリウス(Eleutherius)」というギリシア風の名前を使いはじめたのは、直接的には、本名の「ルダー(Luder)」との音韻上の類似(下線部)に着目してのことであろう。しかし、それと同時に、神学研究の成果を自分の名前でも示そうとする意志があったと考えられる。同年一一月の手紙では、さらに意味を加えた、「兄弟マルティヌス・エレウテリウス、しかしながら、まったくの僕《しもべ》で捕われ人」という署名が現れる。これはひと言でいえば、「自由であって僕」という逆説的な意味をこめた名前である。この名前は、ちょうどその頃、ルターが到達した「十字架の神学」と深い関わりをもっている。なお、ここで言う「自由」という概念については、のちに、『キリスト者の自由について』という著作で、より考察を進めて論じられることになる。本書ではそれを第４章で紹介しよう。

一方、「ルター」という名前は、「エレウテリウス」と名乗りはじめたのとほぼ同じ時期、九五箇条の提題を添えて送った、マインツの大司教アルブレヒト宛の手紙に初めて登場する。当初は「エレウテリウス」と併用されていたが、「エレウテリウス」の方は次第に家族や親しい友人に対してだけ使われるようになり、一五一九年一月の手紙を最後に使われなくなる。それまでに、「エレウテリウス(Eleutherius)」の変形とも見える「ELuther」という名前も使われつつ、最終的には「ルター(Luther)」に統一されていった。時期としては、アウグスブルクでカエタン枢機卿による異端審問を受けた直後の頃である。

「ルター」という名前は、彼の中で「自由であって僕」の逆説的意味を担うドイツ語名として自覚されていたはずである。以後、彼は生涯の最後まで「ルター」で通す。「ルター」という名前は、神のことばの下に生きる、自身の覚悟を表す名前なのである。

2　聖書を民衆の言葉に

騎士ヨルク

ウォルムスからヴィッテンベルクへと向かう途上、ルターは突然、姿を消した。ザクセンの選帝侯領内の山中で一団の騎士たちに襲われ、連れ去られてしまったのである。その知らせはたちまちドイツからヨーロッパ中を駆けめぐり、「ルターが殺された」という噂が広がった。当時、アントワープに滞在していた画家デューラーは旅日記の中で、「これで自分たちの希望がなくなった」と嘆いている。

しかし、ルターは生きていた。じつは襲撃とはカモフラージュで、選帝侯の宮廷顧問官たちが仕組んだ誘拐劇だったのである。ルターはワルトブルク城に匿われていた。中世の歌合わせの城として、ワグナーの「タンホイザー」にも登場するこの城は、アイゼナハ郊外、選帝侯領内の外れにあった。守備隊長に率いられた一隊の兵士たちが駐屯する物見の城である。ルターはこの城内に大きな一室を与えられ、「騎士ヨルク」として身を隠すことになった。

この誘拐劇を選帝侯が知らなかったとは考えられない。選帝侯フリードリヒは石橋を叩いても渡らないほど用心深い人物で、それゆえに「賢公」と呼ばれた。ルターを支持しているように見えつつも、宗教改革に賛成なのか反対なのか、最後まで旗幟《きし》を鮮明にはしなかったほどである。追放された破門者を公然と擁護するのは、教皇や皇帝の手前はばかられる。といって、臣下の宮廷顧問官をはじめ、民衆の圧倒的支持を受けているルターを見殺しにするのは得策でない。それに、ルターを野放しにしておくと、何をしでかすかわからない。そんなことなどを考慮して、観察下に置くことにしたというのが実際であっただろう。

誘拐劇からの一〇カ月間、そしてその後の生涯にわたってルターを支持しつづけたのが、ザクセンの宮廷顧問官であった。さきにも書いたように、ザクセン地方はヨーロッパ有数の銀、銅、錫の産地として経済力を強めていた。その管理権を握っていたのが、新興官僚ともいうべき宮廷顧問官である。彼らは各種の統計資料を駆使して、いまでいう生産調整や出荷調整も行って、領内の経済力の維持向上に努めた。彼ら新興官僚は、財政と経済の強化を背景に、宮廷内で発言力を高めていた。

ワルトブルク城滞在中のルター．騎士ヨルクとして過ごした．クラナッハ画

宗教改革をたんに宗教上の運動としてだけ見ると、その一面でしか捉えられなくなる。宮廷顧問官をはじめとする、当時ドイツで勃興しつつあった新たな社会的勢力が、一貫してルターとその宗教改革の理解者であり支持者だったことを忘れてはならない。ワルトブルク城での滞在をお膳立てしたのは彼らであり、ルターが必要とするもの、食料はもちろんのこと、書籍、執筆のための大量の紙（当時のヨーロッパで紙は、分厚く、重く、高価だった）、医薬品に至るまで、いわゆるロジスティックスを担っていたのも彼らであった。

パトモスの小島より

ルターは人里離れた場所に、ひとり留まらねばならなくなった。いつまでこの城で過ごせばよいのか、ここを出られる日がはたして来るのか。先のまったくわからない孤独な日々が始まった。しかし、ルターはこの城を発信地として、ことばの活動をつづけた。いや、むしろ強めたと言ってもよい。

ルターはただひたすら著作活動に専念した。このとき書かれたものには、ドイツ語では『マグニフィカート』、ラテン語では『修道誓願について　マルティン・ルターの判断』などがある。『マグニフィカート』は、素朴だが芯のあるマリアの信仰を民衆に伝える著作、『修道誓願について』は修道制との訣別を告げる大著である。こうした著作の原稿はヴィッテンベルクに送られて、次々と出版された。

著作活動もさることながら、ルターは自らの言葉をもって重要な働きをする。それは手紙を書くことであった。ちょうどこの頃から、ヴィッテンベルクの同僚たちのもとには、「パトモスの小島より」という差出人の手紙が届くようになる。パトモスとはエーゲ海の南東部に位置する小島で、この島に流されていたヨハネが、イエス・キリストの啓示を受けた地として知られる。ルターはワルトブルク城で孤独な日々を過ごすわが身を、ヨハネに重ね合わせていたものと思われる。手紙は、宮廷顧問官を通じて人びとに届けられた。こうしてルターとヴィッテンベルクとを結ぶ連絡路が確立し、ルターがいまどこにいるかが、やがて公然の秘密のように知れ渡っていく。

ルターは盛んに文通をしていたようで、求めがあれば助言や示唆を与えたり、信仰的な励ましもしている。現在、五〇通をこえる手紙が残っているが、なかでも同僚のメランヒトンに宛てた手紙が有名である。メランヒトンは学者としては一角の人物であったが、改革を牽引していく運動家としての才はなかった。改革の先頭に立つ者は、何かひとつを改善しようと思えば、あちらを立てればこちらが立たずという状況にすぐ直面する。ルター不在の時にあって、決断の分かれ道に立たされることも、しばしばであったと考えられる。そのメランヒトンに、ルターはこういう手紙を送っている。

「あなたが恵みの説教者であれば、作り物の恵みでなく、本物の恵みを説教しなさい。もしそれが本物の恵みであれば、作り物の罪でなく本物の罪を負いなさい。神は作り物の罪人を救われはしない。罪人でありなさい。大胆に罪を犯しなさい。しかし、もっと大胆にキリストを信じ、喜びなさい」。

ともすると「大胆に罪を犯しなさい」という言葉だけが独り歩きし、誤解されることがあるが、これは決して罪を犯すことを奨めているわけではない。私たち人間は罪を犯さざるをえない存在である。それは認めなくてはならない。しかし、それ以上に、キリストが共にいることの救いに感謝すべきであるという主旨を言っている。こうした手紙が、ルター不在の窮地に立ちながら改革を進めていたヴィッテンベルクの人びとを励まし、精神的な支柱となっていた。

エラスムスの『新約聖書』

ワルトブルク城での最大の業績は、新約聖書のドイツ語訳である。エラスムス校註によるギリシア語本文と、教会公認のウルガタ版ラテン語訳を使って、新約聖書全体を約一〇週間で翻訳した。城を離れたとき、ルターはこの訳稿を携えていた。

中世において聖書といえば、ラテン語訳の聖書を指す。四世紀のヒエロニムスによるヘブライ語、ギリシア語からのラテン語訳が教会に公認され、「ウルガタ版」として広く用いられていた。他の版の、または他の言語による聖書はほとんど認められなかった。現代人には不思議に思えるが、これは宗教の経典に関して共通に見られる現象といってもよい。たとえば、イスラム教ではアラビア語以外のコーランは今でも公式には認められていないことなどは、その一例であろう。

一六世紀初頭、ルターの時代に書物はまだ普及していない。民衆が修道士たちのようにラテン語の聖書を持ち、読み、理解することはまず不可能であった。当時、ユダヤ教では聖書（旧約聖書）は、教師（ラビ）たちによってヘブライ語で伝えられ、シナゴーグ（ユダヤ人会堂）で朗読されていた。それと同様に、キリスト教会においても、礼拝の時間にラテン語での聖書朗読があった。司祭が唱える聖書の一節を、民衆はただ呪文のように耳に入れていればよかったのである。

一方、学問的には、人文主義の興隆に伴ってロイヒリンのようなヘブライ語研究者も現れて、旧約聖書の文献学的研究の基礎が整ってきていた。新約聖書の原典であるギリシア語の研究についてはもっと積極的に進められていた。人文主義者たちは、プラトンやアリストテレスなどギリシアの古典に寄せていたのと同様の関心をもって、ギリシア語の新約聖書をひとつの古典として研究するようになっていた。その最初の成果が、一五一六年春、エラスムスの翻訳・校註を付したギリシア語新約聖書の出版である。

当時、スイスのバーゼルにいたエラスムスは、その地で手に入りうるギリシア語写本をすべて校訂し、自身のラテン語新訳と註釈を合わせて刊行した。写本が不十分だった『ヨハネ黙示録』の一部などは、ウルガタ版聖書のラテン語を自らギリシア語に翻訳して補ったという。ただし、教会公認のウルガタ版がある手前、教会に配慮してか、本のタイトルは『新約聖書』ではなく、『新しいインストゥルメント(研究手段)』となっている。ルターがこれをすぐ入手して、同一六年秋、ローマ書講義のために用いたことは、すでに述べた。

初版の不十分さを自覚していたエラスムスは、イングランドの人文主義者たちの招きでその地を訪れると、より状態の良いギリシア語写本を活用する機会に恵まれた。そうして初版の不備を整えて、一五一九年には改訂第二版を出版した。このとき、本のタイトルが『新約聖書』と変わっている。これは、少なくとも知識人の間ではすでに、聖書に対する意識が大きく変わっていたことを示している。聖書のことばは、研究の対象にもなりうるという認識の表明である。

新約聖書を翻訳する

さて、ルターはといえば、エルフルト大学に入って初めて図書館で聖書なるものを、それも鎖につながれている聖書を見た。当時、聖書はそれだけ高価なものであった。ところが、修道院に入って見習い修道士になると、いわば呆気なく、その高価な聖書を手渡され、熱心に読むよう求められた。ルターと聖書との歩み、あるいは格闘は、このときから始まる。

ルターの翻訳以前に、聖書のドイツ語訳が存在しなかったわけではない。部分的なものを含めて、少なくとも一八種類の翻訳が確認されている。なかには「ザイナー聖書」というある程度普及したものもあったが、多くはウルガタ版をそのまま翻訳したものであり、聖書理解の面でも、信仰の面でも、決定的な影響を与えるものはなかった。

ルターによる新約聖書のドイツ語訳は、ギリシア語の原文には当たりつつも、学問的な翻訳を第一に心掛けたものでは必ずしもない。ローマ教会から「聖書に勝手に手を加えている」と批判の声があがったように、必要に応じて言い換えている箇所もある。聖書に対するルターの関心は、文字や字句の細部にこだわることではなく、聖書に示されている神の恵みのことば、すなわち福音にあった。それをドイツ語で、ドイツの人びとの心に届けたいという、切実な思いがこめられているのが最大の特徴であろう。

ところが、切なる願いはあったものの、それを果たす時を得ることが難しかった。ただ不幸中の幸いというべきか、ワルトブルク城に閉じ込められたことで、それがようやく可能になったのである。翻訳に取りかかる直接的なきっかけは、一五二一年一二月、乱の兆しがあったヴィッテンベルクを秘かに訪れたことである。このとき同僚たちは、ルターに新約聖書をドイツ語に翻訳するよう強く勧め、求めた。改革の支柱になるものが必要だったのである。

ルターは、ワルトブルク城にもどるや否や、ただちに翻訳作業に取りかかった。そして、翌二二年三月、騒乱状態に陥っていたヴィッテンベルクに帰還したときには、訳稿のすべてを携えていた。実質の翻訳期間は一〇週間程度だったことになる。新約聖書には全部で二七文書が収められており、現在、日本で普及している日本聖書協会の「新共同訳」でいえば四八〇ページ余にもなる。それだけの分量をわずか一〇週間で翻訳し、しかも後世に残るものとして上梓したことは、驚くべきと言うほかない。

とはいえ、それはやはり大変な作業だったに違いない。当時のドイツでは、原稿を書くための紙の調達からして容易ではなかった。古くなった綿の衣料を煮溶かして漉《す》いたという当時の紙は重く、厚く、しかも相当高価なものだった。推定三〇〇〇枚にも上ろうという紙を、誰がどう手配し、山上の城に届けさせたのか、その詳細はわかっていない。

民衆の口の中をのぞいて

極寒の冬の日々、ルターはどのようにして翻訳作業を進めたのか。ルターの卓上には、三つの資料があった。ウルガタ版ラテン語訳聖書、エラスムス『新約聖書』の改訂第二版、そこに

ワルトブルク城でのルターの居室．10カ月の間，ルターは主としてこの部屋で著作の執筆と新約聖書の翻訳に努めた．写真提供：中川浩之

収められたエラスムスのラテン語私訳。ルターはこの三つの資料にもとづいて、適切なドイツ語の訳文を整えていった。

翻訳に当たってルターは、自分の到達した「一点突破」からの視点が、聖書全体に浸透して明瞭に浮かび上がるよう努めた。恵みの神が授ける「義（正しさ）」という贈り物を心か

ら受け止めることによってのみ、人間は救われる。その一点を聖書のことばの中核と捉え、つねにその一点に立ち返りつつ翻訳するという姿勢である。

それは、聖書の原文にない文言を補ってまで貫徹させるほど、徹底したものであった。たとえば、パウロが書いた「ローマの信徒への手紙」の第三章28節には、「人が義とされるのは信仰による」という一節がある。ルターはこの一節を翻訳するに際して、「人が義とされるのは信仰のみによる」と、原文にはない「のみ」という言葉を付け加えた。これはルター訳に対するローマ教会からの批判と攻撃の焦点ともなったが、のちにルターは自分の翻訳について一書を著して、この「のみ」は「内容自体が要請する必要不可欠の付加」であると断じている。

翻訳に際して、どのようなドイツ語を用いるかも難しい問題であった。ルターはその際、二つのドイツ語を考えたようである。一つは宮廷ドイツ語、もう一つは民衆ドイツ語である。宮廷ドイツ語とは、選帝侯のザクセン宮廷で使われていたドイツ語である。これは言葉としての格調は高い。しかし、難があった。筆者は、当時の宮廷官僚が書いた信仰告白文書への序文を翻訳したことがあるが、これぞまさしく官僚文書というべき、長文の繰り返しが多い、難解で煩雑な言葉であった。これでは、たとえ格調高い訳文ができたとしても、決して民衆のための聖書にはならなかったであろう。

そこでルターがあわせて考察し、大幅に採り入れたのが、人びとが子どもの頃から耳にし、口にしてきた民衆のドイツ語である。あの肉屋の大将ならどういう言葉を使うだろうか、あの家の娘マリアはこういうときどう答えるだろうか。ルターは、ヴィッテンベルクの司祭として毎日言葉を交わしていた人びとのことを、頭の中に思い描きながら翻訳したはずである。のちにルターは、「私は民衆の口の中をのぞき込んで」適切な表現を探したと書いている。ザクセンの宮廷ドイツ語と、ヴィッテンベルクの人びとのドイツ語、この二通りの言葉の間で、適切な訳語と訳文を一つひとつ探しながら翻訳していったのである。

ルターのドイツ語訳新約聖書には、四つの福音書(マタイ、マルコ、ルカ、ヨハネ)に一つ、その他の二三文書にもだいたい文書ごとに序文が付けられている。これらの序文は、各文書を読んでいくための内容的な手引きとなっている。読む者の立場になって、信仰と理解の助けになる配慮がなされている。現在、ルターの『聖書序文』と題して、これだけでも各国語に翻訳出版されているほどである。

一五二二年三月、ヴィッテンベルクに帰還したルターは、騒乱状態の終息のために奔走する中、メランヒトンをはじめとする同僚たちの助言を得ながら、訳稿の推敲を重ねた。この訳稿は現存しないが、筆者は旧約聖書の「詩篇」の訳稿ならば、ポーランドのクラクフで見たこと

ルターによるドイツ語訳『新約聖書』初版(1522年)

がある。一枚の紙に行間と余白をゆったり取って、はっきりルターのそれとわかる筆跡で書かれていた。行間には、何度も推敲を重ねたと思われる赤字の書き込みが多数あった。新約聖書の訳稿も、おそらくこれと同様のものであったろう。

幾度もの推敲を経た訳稿は、ヴィッテンベルク市内の印刷所ルフトで印刷され、選帝侯認可の形で一五二二年九月に出版された。これは今日、『九月聖書』と呼ばれている。初版の印刷部数は二〇〇〇部とも三〇〇〇部ともいわれる。決して多くはない。全体の分量は、A４判に近いサイズの紙で五〇〇ページほどはあろうか。値段は、当時の相場で牛一頭分だったと伝えられている。筆者の聞いたところでは、現在、仔牛を買うには大体三〇万円から五〇万円はかかるという話だから、一冊の本としてはかなり高価だったことがわかる。ところが、これがたちまち売り切れとなり、三カ月後には早くも再版されることになった。おそらくルターに共鳴したドイツの教会を中心に、都市の富裕な市民が買い求めたものと考えられる。

さきにも書いたように、当時の民衆の識字率は高くない。ドイツ語で書かれた聖書といえども、それを直接読める人は少なかった。そこで大多数の人びとは、文字が読める人に朗読してもらうことで、ルターの翻訳した聖書のことばにふれた。おそらくそれは、人びとにとって初めての体験であったと思われる。それまで教会で聴かされてきた呪文のような言葉ではなく、イエス・キリストの語ったことばが、自分たちにわかる言葉で耳に聴こえてきたのである。いわば、「ことばの体験」であった。ルターの翻訳が人びとに熱烈に迎えられたのは、たんに平易なわかりやすい言葉であったからではない。そうした「ことばの体験」が、人びとの心に深い感動を呼び起こしたからだと考えられる。

ルター訳の新約聖書が評判になると、これに対抗してローマ・カトリック教会もドイツ語訳を試みた。しかし、普及力から見ても、聖書理解の深みから見ても、ルターの翻訳にはとても敵わなかった。結局、ルターの翻訳を黙ってそっくりそのまま使ったものまであったという。その後五〇〇年、ドイツで多くの人がそれぞれの意図をもって様々に翻訳を試みているが、いまだこれを越えるものはないといっても過言ではない。

3　宗教改革とは何か

力によらず、ことばによって

反対の嵐の真っ直中に置かれたルターだが、決して孤立無援ではなかった。アウグスブルク審問、ライプツィヒ討論、ウォルムス喚問と、論争と闘争の日々を進んでいくなかで、聖職者の中にもルターの思想に共鳴賛同する人たちが現れるようになる。そうして、改革の必要を訴える声がドイツの各地で広がりつつあった。

ヴィッテンベルクの町では、メランヒトンをはじめとする同僚たちが改革の努力をつづけていた。しかし、ルターという求心力を欠く改革は、なかなか思うように進まない。選帝侯は改革の動きを静観していたが、難しかったのは、ヴィッテンベルク城教会のように、保守的で改革に反対の人びとがいたことだった。

改革に加わる人たちの中にも問題があった。洋の東西を問わず、「改革」が唱えられるときにはいつも、これを地道に進めようとする者、これを大いに唱えながらも正反対の動きをする者、これを急進的に進めずにはおられない者がいるものである。ヴィッテンベルクの町でもそうであった。改革の進め方をめぐる意見の違いが、深刻な対立を生み出しつつあった。

　そうしたなか、改革が遅々として進まないことに不満と苛立ちを募らせていた者たちが、いわば業を煮やしたかたちで実力行使に訴えはじめる。その動きを代表していたのが、かつてルターとともにエックとのライプツィヒ討論に臨んだ、先輩教授カールシュタットであった。彼は学生たちを動かして急進的改革を断行した。修道院の強制的な解放、聖像破壊に取りかかるとともに、古いミサの廃止、パンとぶどう酒による聖餐の執行といった礼拝改革に向かって突進していったのである。

　そのあまりに過激な行動に市中は騒乱状態になってしまう。市当局はこれを収拾できず、選帝侯も反対の意思表示はしたものの、自ら解決に乗り出そうとはしない。事態はもはや、教皇や皇帝の介入が必要かというところまで来ていた。しかし、ここで権力の介入を許せば、改革の機会は永遠に失われる。知らせを受けたルターは、選帝侯の意思に逆らって、独断でワルトブルク城を出た。

　ヴィッテンベルクに戻ってルターがまず行ったことは、民衆への説教であった。町教会で連日、八日間にわたり、一人ひとりが神の前に立ち自らの信仰を確立すること、他者に対してはその信仰から出る愛によって生活する必要を説いた。「力によらず、ことばによって」を改革の理念とするルターは、「神のことばは前進する」と説いて、性急な改革ではなく、聖書のことばを信頼して着実な改革を進めるよう訴えた。そうして、八日間の説教が終わる頃には民衆たちの動揺もおさまり、騒乱状態は終息に向かっていった。ここからは、ルターによる時間をかけた着実な改革が始まることになる。

改革の伝統

さて、これからルターの改革を具体的に見ていくことになるが、ここは先を急がず、まず当時の大きな時代状況をつかんでおく必要があるだろう。宗教改革はいかなる時代状況のなかで進行していったのか、ここからはその概略を見ていこう。

中世という時代において、ローマに象徴される古代世界を継承し、権力と権威の正統性を担っていたのは、教皇庁とローマ・カトリック教会であった。紀元八〇〇年、ローマ教皇によるカール大帝の皇帝戴冠は、教皇が西欧世界の実質的な支配者であることを示す象徴的な出来事となった。西欧はまさしくキリスト教的一体世界(コルプス・クリスティアヌム)であり、政治ばかりでなく、生のあらゆる領域が、教皇を頂点とするローマ・カトリック教会の支配下に置かれていたのである。ヨーロッパの歴史において「一五一七年」がとくに記憶されるのは、ルターの突きつけた一枚の小さな紙が、そのキリスト教的一体世界を根底から揺さぶり、中世と近代とを画する大きな時代の転機をもたらしたからである。

そもそも、キリスト教に限らず宗教は、歴史の中における自己形成に際して、絶えざる改革の努力を求められる。ローマ帝国の中で迫害を受けていた時代のキリスト教は、教会制度や聖職制度に顕著なように、自らの組織化と改革に精力的に取り組み、ついには帝国に匹敵する組織となった。中世には西欧世界の支配権をめぐって皇帝との争いが起こるが、そうした教会の世俗化、政治化に対して、信仰の内面化を深めるべく修道院運動が起こったのも、改革の一側面といえるだろう。

一四世紀から一五世紀初めにかけての、ローマとアヴィニョンの二つの教皇庁時代には、教会の最高権威は教皇ではなく、公会議にあると考える公会議主義が起こって、教会改革の理念が叫ばれた。その理念の下に成立したピサやコンスタンツの公会議は、教会法や教皇庁の改革、聖職者の待遇改善などについて具体的プログラムを提示するまでに至る。しかし、一五世紀後半になって教皇がふたたび力を回復すると、その改革は棚上げにされた。教皇の首長権が強められ、かつてないほど政治化した教会は、そのうえに金権主義的な傾向さえ強めていくようになる。

イングランドのジョン・ウィクリフ、ボヘミアのヤン・フスなど、宗教改革の先駆者たちが現れて、教会慣習の改革を訴えたのは、ルターに先立つこと一〇〇年以上前のことであった。ウィクリフは異端の嫌疑の中で死に、フスは異端者として火刑台に消えたが、その改革の精神はあたかも地下水のように、歴史の奥底を脈々と流れつづけていくことになる。ルターの宗教改革は、大きくはこうした改革の伝統の中に位置づけることができる。

宗教改革分布図

ここで二枚の地図を描いてみよう。一枚は一六世紀初め頃の、もう一枚は一六世紀終わり頃の教派分布図である。

まず一枚目。西はイギリスから東はポーランドやハンガリーあたりまで、南はイタリア、スペインから北は北欧諸国まで、全面一色である。つまり、西欧全体は宗教的にはローマ・カトリック教会のみの、まさに「キリスト教的一体世界」であった。全面一色のこの地図は、読者の頭の中に思い描いていただくだけでよいだろう。

次に二枚目。宗教改革がほぼ終息した、一七世紀初め頃の状況である。ところどころまだらな部分もあるが、大きく四つの教派に色分けされているのがわかる。これは一五五五年のアウグスブルク宗教和議によって、領主がその領地の教派を決めることになり、キリスト教的一体世界が細分化されて生じた結果である。

それぞれの教派を順に見ていこう。まず第一に、一枚目の地図と同じローマ・カトリック教会の地域である。筆頭に挙げられるのは、ローマのお膝元イタリア、そして中世の間にイスラームの支配から脱したスペインである。この両地域ではローマとのつながりが依然としてかなり強い。次はフランスだが、ここはまた独特である。それというのも、フランスは教皇庁と政教条約を締結することで、上位聖職者の任免や、教会税からの国家収入などについて詳細な取り決めを交わしていたからである。つまり、ローマと注意深く距離をとることで、フランスは独自のカトリック世界を築くことに成功していたわけである。フランスでは「ローマ」は緩やかに存続していた。

このほか、現在の国名で言えば、西ではアイルランド、東ではポーランド、オーストリア、ドイツの南東部、ハンガリーなどがローマ・カトリック世界に留まった。そのさらに東側は、北はロシア正教、南はギリシア正教の地域となる。

ついで第二は、ルター派（ルーテル教会）である。ルターによる九五箇条の提題以来、ドイツではこの教派が北部地域の半分以上を占めるまでに至った。この教派はさらに、一五二〇年代

ストックホルム
リガ
コペンハーゲン
ダンツィヒ
（グダニスク）
ベルリン
ヴィッテンベルク
ワルシャワ
プラハ
ストラスブール
バーゼル
ミュンヘン
ウィーン
チューリヒ
ブダペスト
トリエント
ヴェネツィア
ブカレスト
ローマ

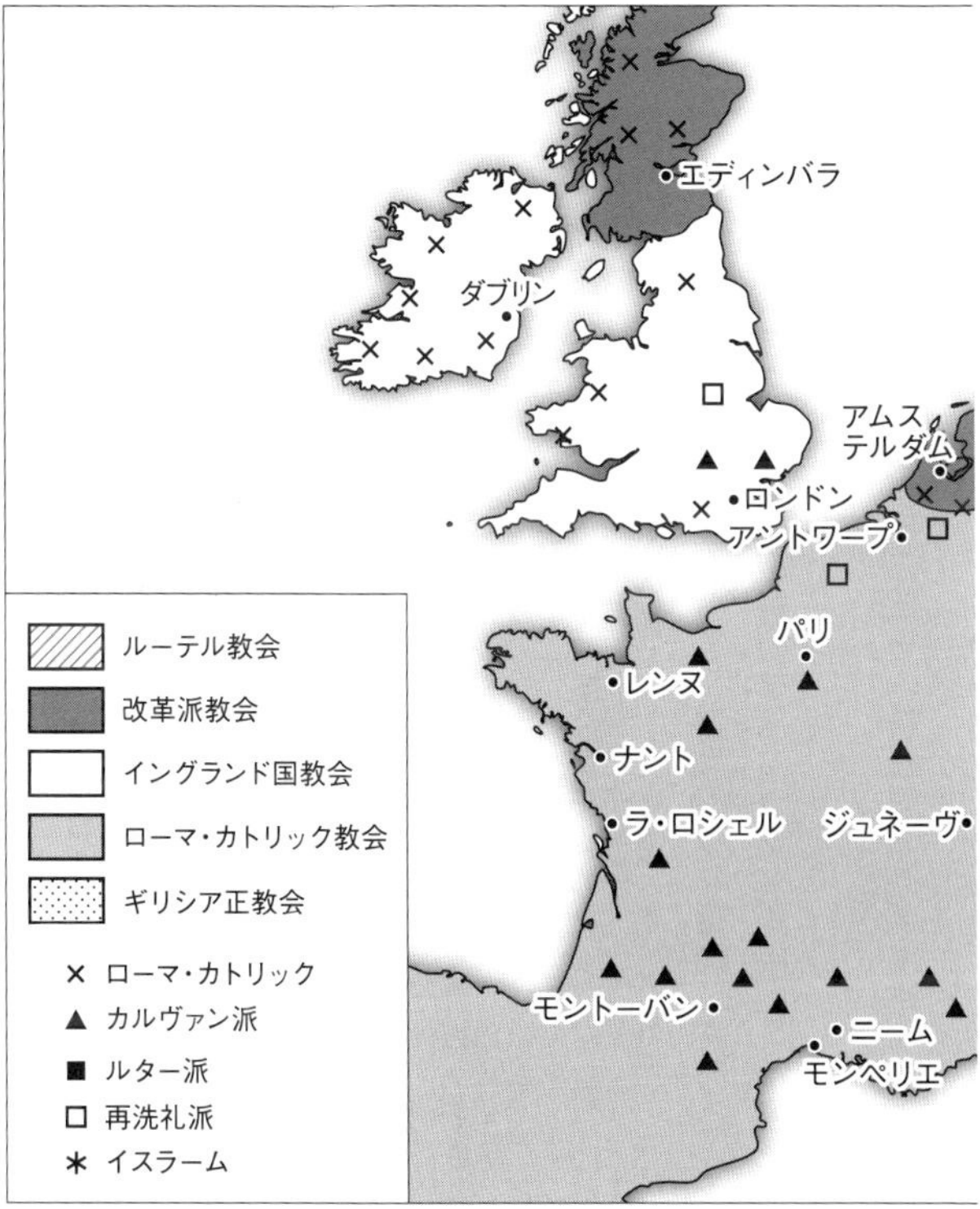

中世ヨーロッパのキリスト教的一体世界は，宗教改革によって諸教派が割拠する多元的な世界に変わった．本図は1600年頃の状況．各地に少数派が点在するのは，1555年のアウグスブルク宗教和議により教派属地権が認められたため．（Carter Lindberg: *The European Reformations*, Blackwell, 1996 所収の図をもとに作成．地図製作：鳥元真生）

半ばからは北欧地域にも広がっていった。まずデンマーク（現在のデンマークとノルウェー）では、国王と司祭が結んで教会改革に取り組み、司教などの上位聖職者を追放して、国教会としてのルーテル教会を成立させた。スウェーデン（現在のスウェーデンとフィンランド）では、カトリックの伝統を残しつつも、国王と司教がともに宗教改革を受け入れるという形で、国教会を設立した。

北欧への宗教改革の広がりには二つの要因が考えられる。ひとつはルターの同僚ブーゲンハーゲンの働きである。彼は低地ドイツ語の人だったこともあり、北ドイツへの宗教改革の広がりに大きく貢献していた。その影響が、地続きともいえるデンマークに広がった。ブーゲンハーゲンは、デンマークの新しい国教会の教会規則も起草している。

いまひとつの要因は、宗教改革によって注目を集めるようになったヴィッテンベルク大学への若者の留学である。これが当時の流行だったことは、さきにシェイクスピアの『ハムレット』を例に述べた。留学生は帰国すると、宗教改革を母国に持ち込んだ。ルターの下に学んだミカエル・アグリコラが、早くに聖書のフィンランド語訳を果たしたのは、その顕著な一例である。

第三は、カルヴァン派とも、改革派とも呼ばれる教派である。これはスイスから発している。

ツヴィングリ(1484-1531：左)はチューリヒの宗教改革者，カルヴァン(1509-1564：右)はジュネーヴの宗教改革者，彼らの流れから改革派教会が生まれた

スイスは中世末には、一三の州(カントン)からなる盟約共同体として連邦を形成していた。各カントンの中心都市の多くはそれぞれ自立し、自由都市として独立していた。そうした独立志向がやがて、少なくとも都市部の人びとにローマと距離をとらせ、宗教改革を推進させることになった。

早いものはルターとほぼ同時期、チューリヒにおける宗教改革である。この地の宗教改革を指導したのが、フルドリヒ・ツヴィングリである。人文主義の影響から聖書の文献学的研究に励み、その成果を生かした民衆への説教が評価されて、チューリヒ大聖堂の民衆説教者として迎えられた。市参事会と協力して、教会改革から市の生活改革まで、具体的で実践的な改革を推し進めていったことで知られる。ただし、ツヴィングリの死後、この活動はカルヴァン派の働きの中に含まれるようになる。チューリヒに続いたのはベルンやバーゼルなどの都市であった。

ツヴィングリから少し遅れて一五三〇年代には、ジュネーヴで宗教改革が起こる。ジュネーヴは当時、南仏のサヴォイア公国の属領だったが、そこからの市の独立運動ともからんで、宗教改革は教会生活と市民生活全般にわたる急進的な改革に発展していった。指導者のジャン・カルヴァンは、ルターやツヴィングリとは一世代後の人である。フランス人で、パリで法学を学び、人文主義への傾倒から宗教改革者となった。カルヴァンは、パリ大学を中心にした教会改革の気運の中から現れた人物だが、弾圧を受けて祖国を追われ、ジュネーヴで指導者として活動した。聖書注解に徹した説教が有名である。

チューリヒとジュネーヴはそれぞれ、ツヴィングリとカルヴァンという強力な指導者の下、「神聖政治」と呼ばれるほど徹底した宗教改革体制が敷かれたことで共通している。聖書のことばが生活のあらゆる面を規定すると考える点では、ルターの進めた改革よりもはるかに厳格かつラディカルであったといえる。スイスに発した改革派はドイツ南西部にまで影響し、オランダやスコットランドでも改革派教会の成立を見るようになった。フランスでは、カルヴァンの影響を受けた「ユグノー」と呼ばれるグループが、厳しい迫害を受けながらも活動をつづけていた。しかし、さきほどの地図を見てもわかるように、スイスでの改革は都市中心であって、農村地域の多くはカトリックに留まった。

最後に第四が、イングランド国教会である。当時のイングランド国王ヘンリー八世は、もともと徹底したカトリック信者だった。一五二〇年、ルターが『教会のバビロン捕囚について』でローマの秘跡を批判したときには、自ら筆をとって神学的反論を公にしたほどである。そのヘンリー八世がローマと決別し、イングランド国教会を成立させたのは、もっぱら政治的思惑からであった。直接には王位継承ともからむ自身の婚姻問題が発端であったが、教皇との激しい対立と権謀術数の末に、ローマとの決別を選択したのである。したがって、イングランドでは、国王が教会の首長となる独特の教会が、時間の経過の中で成立していくことになった。

ただし、イングランドでも大陸の宗教改革に関心を寄せる人は少なくなく、初期にはルターの、後にはカルヴァンの思想的影響も認められる。聖書の英訳などはその一例であろう。そうした思想的な背景もあって、イングランド国教会は、教会慣習に関しては従来のカトリック色を多く留めつつも、宗教改革の特徴も併せもつ折衷的性格の教会になった。

再形成化としての宗教改革

それでは、こうした様々な動きを示す宗教改革とは、どのような意味をもつ出来事だったのであろうか。ここでは「宗教改革」という言葉からそれを考えてみたい。

英語でもドイツ語でも、宗教改革はReformation（リフォーメイション）と呼ばれる。どちらも冠詞がつかず、大文字のRで始めるのは、この出来事に他の何にも代え難い、特別な意味を認めているためであろう。この呼び名を使うのは、キリスト教関係者に多いように思われる。一方、歴史家のなかには、European reformationsという具合に、ヨーロッパという地理的・思想的概念を取り入れた複数形で呼ぶ人もいる。人間社会の歴史の中では同じような改革は様々あり、また同時代のヨーロッパにおいても、宗教に限らず、文化、芸術、政治、経済など、多方面で大きな変革が起こっていたという見方もできるためである。ただし、reformationという言葉を用いることでは変わりはない。

では、そのreformationとは、どのような意味をもつ言葉なのだろうか。reformというと、最近の日本ではカタカナ英語の「リフォーム」が定着している。建築でいうと、柱や壁はそのままにした部屋の内装替えを指すことになるだろう。ただし、その語尾に「-ation」を付けて「リフォーメイション」という言葉にすると、意味がまるで違ってくる。建築でいえば、土台だけ残して建物全部を建て替える意味合いをもつようになるのである。

日本では明治の頃、リフォーメイションに「教法改革」という訳語を当てていた時期もある。現在はそれに替えて「宗教改革」という訳語を用いている。しかし、リフォーメイションを日本語にするならば、やや生硬な表現だが、「再形成化」という言葉がふさわしいのではないかと筆者は考える。したがって、大文字で始まるReformationは、次のような意味になる。すなわち、それまでキリスト教的一体世界であった西欧が、ルターの始めた運動をきっかけにして細分化し、キリスト教世界であることに変わりはないものの、従来のあり方とはまったく別の、多様なキリスト教世界に再形成された、ということである。

余談だが、ReformationとReformの違いは、ローマ・カトリック教会の改革を考えてみてもわかる。さきにも書いたように、ローマ・カトリック教会の中には以前から改革の伝統がある。それをとくに「カトリック改革」と呼ぶことがある。その際、英語ならば、Catholic reformationとは言わず、Catholic Reformと言うのが常である。ローマ・カトリック教会は巨大な構築物であり、これを建て替えるのは容易ではない。部屋の内装を替えたり、屋根を修繕したり、様々な努力がなされたが、リフォームの域は出られなかったのである。

さて、以上は、西欧がローマ・カトリック教会だけの一体世界から、いくつもの教派が存在する多元的なキリスト教世界に変わったという意味で、いわば「狭い意味」での宗教改革である。それに対して、もっと「広い意味」での宗教改革も考えられる。この時代の西欧では、再形成化はキリスト教だけに起こったわけではなく、社会全体の様々な方面で進み、その結果として中世と近代を画する歴史的転換が起こった。「リフォーメイション」は、そういう広い意味でも理解できる。つまり、それまで歴史の底流をなしていた様々な変革の波が、宗教改革をきっかけに合流し、歴史の大きなうねりとなり、西欧社会の全体を巻き込んで、従来と比べて新しい世界、すなわち近代世界を出現させたということである。European reformationsは、この意味も含んだ言葉だと言えよう。では次に、その様々な変革の波について考えてみたい。

さまざまな変革の波

文学や美術、学問の分野で教会からの自立が芽ばえたのは、一四世紀に始まるルネサンスからである。そこでは人間の尊厳と自由が謳われるようになり、教会の伝統秩序も問い返されるようになった。ロレンツォ・ヴァッラが、西方教会の信仰の拠り所ともいうべき文書「使徒信条」の由来を覆し、また教皇権の根拠となっていた文書「コンスタンティヌスの寄進状」を偽文書と断じたことなどは、その象徴的な出来事といえるであろう。天動説に立った教会に対して、異端の嫌疑をかけられながらも地動説を主張したコペルニクスやガリレイもこの流れの中にいる。

中世の神学は古代ギリシアの哲学と密接に関係していたが、トマス・アクィナスに見られるように、とくにアリストテレスの哲学に強く影響されていた。ただし、その内実はやや複雑である。中世の神学は哲学から多大な影響を受ける一方、哲学は「神学の端女《はしため》」であり、神学に従属するものと見なされていた。聖書のことばによって神学を構築しなおす試みでもあったルターの宗教改革は「神学を哲学から解放する闘い」といわれたが、これは裏を返せば、哲学の神学からの解放をも意味する。ルターにその意図はなかったものの、宗教改革は、哲学が神学のくびきを脱し、自立した学問に発展していく道を開いたともいえるのである。

こうした動きは哲学にとどまらず、宗教改革によって、人間の生の様々な領域で広く脱キリスト教化が進んでいった。絵画や音楽の制作はその好例であろう。宗教改革は直接的には、こうした諸芸に危機をもたらした。教会という制作拠点が、宗教改革によって根底から突き崩され、主要な注文主を失うことになってしまったからである。しかし、そのためにむしろ、絵画は次第に教会の壁の外に出て、市民の芸術の一端を担うようになり、音楽もまた少し遅れて同じような道をたどっていった。文化の危機が反面、新しい創造の機会を生み出したともいえる。

宗教改革は、神聖ローマ皇帝の座がカール五世に引き継がれた時期に始まる。ルターがヴィッテンベルクに帰還し、まさに改革の実践に取りかかるちょうどその頃、皇帝カール五世は、ヨーロッパ内では教皇とフランス王フランソワ一世との戦いに、また外に向かってはオスマン帝国との戦争に明け暮れていた。そのため当面、ドイツの支配統治はその主要な関心事とはならず、ドイツにおける主要な決定は、皇帝が適宜ドイツ各地に招集する帝国議会に委ねられた。結果、それがルターに宗教改革拡張の好機を与えてしまうことになる。

神聖ローマ帝国はドイツを中心に広大な支配領域を有していたが、この時期、帝国と各地域とを結ぶつながりは弱まりつつあった。帝国議会に集まるのは、選帝侯、教会領邦君主、世俗領邦君主、小諸侯、帝国自由都市の代表たちである。彼らはそれぞれの利害関心から、皇帝の権力に対して制限を加えることが少なくなかった。とくに、宗教改革に関わることはドイツの問題として取り上げるよう求め、議論の都度、帝国としての決定は下すものの、その決定は一貫性に欠け、皇帝が望むかたちでの根本的解決を阻んでいた。ルターのウォルムス召喚とその決定も、そうした微妙な政治力学の中でとらえる必要がある。

一方、一六世紀初頭は、ヨーロッパにとってもドイツにとっても経済構造の変動期であった。大きくいえば、土地に根ざした農業中心の社会が、貨幣経済にもとづく社会に変化しようとしていた時期である。さきにも書いたように、鉱物資源に恵まれたドイツでは、その採掘権を握る領邦君主の下に、新興官僚とも呼ぶべき新しい経済の担い手たちが台頭してきていた。鉱工業は交易と結び付いてドイツに莫大な富をもたらし、都市住民たちの生活を豊かなものに変えていった。当時のドイツの都市は、ヨーロッパのなかでも際立って華やかなものであったという。農民の出でありながらザクセンで銅生産を手がけ、一代で財をなしたルターの父ハンスも、そうした都市の住民のひとりであった。

以上のような社会の様々な方面における変革の波が、やがて宗教改革という大きな歴史のうねりとなって一つに収斂していくのである。

信仰の再形成

さて、のちに「宗教改革者」と呼ばれることになるルターだが、彼自身はおそらく、自らを改革者とは思っていなかったと考えられる。彼の問題関心はつねに、聖書のことばから与えられる洞察をもとに、信仰を生きいきとさせ、新しい神学を構築していくことにあった。教会の現状に対する批判と問い、改革の具体的プログラムなどはすべて、その新しい神学と信仰から発せられるものであると、ルターは考えていたはずである。

よく誤解されることだが、ルターが指摘し、厳しく批判したのは、教会組織や聖職者たちの堕落や腐敗そのものではない。ルターが属していたアウグスティヌス修道会は、自ら「戒律厳守派」と呼ぶほど真摯な修道生活を指導しており、当時としては最善の環境であった。ルターが教会組織や聖職者たちに疑念を抱く直接的な機会は少なかったと考えられる。

では、何がルターを宗教改革の転回点に立たせたのか。それは、人間の魂に対する危機意識である。九五箇条の提題が、贖宥状を振りかざすテッツェルを言外に挙げて批判していたことからもわかるように、ルターは教会の教えが民衆を誤った信仰に導いていることに強い憤りを感じていた。教皇をはじめとする教会に対する激しい批判は、この憤りから来るものであった。

ルターの宗教改革が、たんに教会の堕落を正すのを目的としていたなら、それは文字どおり「改革（リフォーム）」であり、「リフォーメイション」と呼ばれることはなかったであろう。それが「改革」を超えて、歴史を画するものにまでなったのは、人びとの信仰のあり方を根本的に変えるものだったからである。ルターが、あらゆる苦難と困難を乗り越えて成し遂げようとしていたのは、人びとの魂を支える「信仰の再形成」だったのである。

次の章では再びルターの生涯に話をもどし、その「信仰の再形成」がどのように具体的に進められていったかを見ていくことにしよう。

第4章　ことばが広がる

1　語るルター

説教運動と文書運動

ヴィッテンベルクに帰還し、八日間の連続説教によって騒乱を鎮めたルターだが、その後につづく彼の実践を見ると、地に足の着いた「民衆運動」という形をとっていたことがわかる。同僚のカールシュタットが主導し、町を騒乱状態に陥れた急進的な改革運動とは非常に対照的である。カールシュタットの運動は、学生を中心にした一部の人たちの手で進められていた。そのため民衆は埒外におかれ、事の成り行きを遠くから見つめているのが実情であった。ルターの実践はとても地味であったが、つねに民衆の中に入って進められた点で違いが際立っている。長いキリスト教の歴史を見ても、そうした民衆を巻き込んでの改革は、他にはなかったといってよいだろう。

聖書のことばをめぐるルターの知的な探究の旅は、聖書を通して神のことばを聴き、そのことばを心の内に受け止めて生きる、信仰者としての生き方の追求でもあった。ルターによる宗教改革とは、その信仰者としての生き方を、聖書のことばを通して民衆に伝えることであったと言っても過言ではない。

ルターの宗教改革は、まず「説教運動」という形で展開していく。第2章でも述べたが、ルターはヴィッテンベルクの修道院に来て、やがて大学の聖書教授になると、町教会で民衆のための説教にも力を注ぎ始めた。ワルトブルク城での滞在から、騒乱状態の町にもどって、まず始めたのも説教だったように、大学での聖書講義と並んで、民衆のための説教にかける思いにも並々ならぬものがあった。声によって直接語りかける説教こそ、自らの心の思いを伝え、人びとの心の奥底に届く、もっとも有効な手段と捉えていたからである。

たとえば、ヴィッテンベルク帰還の際の、緊迫の中の説教の冒頭を見てみよう。

「私たちはみな死に定められており、だれも他人に代わって死ぬことはありません。各自が自分で死と戦わねばならないのです。なるほど、耳に向かって叫ぶことはできるでしょう。しかし、死の時には、各自が自らを整えていなければなりません。……そこでは各自が、キリスト者であれば求められる信仰の中心について、十分に知って準備ができていなければならないのです」。

宗教改革がキリスト教の信仰の中心に関わるものであること、民衆一人ひとりの心に届き、一人ひとりの魂を支えることが、ルターの関心事であることがわかる。

各地では、ルターの信仰と神学に共鳴する聖職者たちが、同じように説教活動を始めるようになった。さらには、ヴィッテンベルク大学をはじめ、各地の大学の神学部で、説教者の養成が神学教育の中核をなすようになっていった。それまで、カトリック教会で説教が行われなかったというわけではない。しかし、多くは道徳的な教訓を説くものであった。ルターの説教活動は、そういう説教をまったく新しいものに生まれ変わらせた。聖書のことばを通して、一人ひとりの心に向けて信仰の意味を説き明かしていったのである。いわば、「説教の再形成」が行われていたのである。

ルターの説教が評判を呼び、よく知られるようになると、近郷近在の人びとさえもがこれを聴きに集まるようになった。とはいえ、実際に説教を聴ける人の数は限られている。そこでルターは、説教をもとにしたドイツ語の著作にも力を入れはじめた。こうして説教活動と相並行して、ルターの宗教改革のもうひとつの側面である「文書活動」が始まる。

活字になった説教は、パンフレットのような形態で町に出回っていった。現在のように著作権などというもののない時代である。需要があると見るや、各地の印刷所は勝手に活字に起こして発行した。最初にパンフレットとなったのは、一五一九年、ライプツィヒ討論の機会に行った説教である。これは、残っている初版本の表紙が面白い。大慌てで印刷したからか、説教をするルターの肖像と説明の文字が裏返しになっている。

話題が話題を呼んでベストセラーが生まれるのは現代と同じである。また、人びとの中にそれだけ潜在的な要求があったということでもあろう。パンフレットは飛ぶように売れ、ルターの説教はたちまちドイツ中に広がっていくことになった。文字の読めない人びとは、そのパンフレットを手にして教会に行き、「どうかこれを読んでくれ」と司祭に頼むようなことも起こった。

ルターの説教を印刷した最初のパンフレット（1519年）．慌てて印刷したためか，中央の肖像にかかる活字が裏返しになっている

最初のマスメディア

ルターのドイツ語の著作は、書き言葉を通じたメッセージがマスメディアの機能を果たした、歴史上初めてのケースと考えられる。その要因として、活版印刷術の利用があげられる。中世までの書物は、主として書き写しによるものである。神学や学術

町の印刷工房．活版印刷術の普及が，書籍を歴史上初のマスメディアに変え，宗教改革を後押しした

の書籍にせよ、金文字の彩色を施した豪華本にせよ、みな書き写しによって造られていた。修道士の中には書き写しを専門とする書写修道士がいたほどである。書き写しで造られた本はどれも一点物のため、非常に貴重で、ごく限られた人しか読むことはできなかった。

　ドイツの堅い木は、江戸時代の日本でのように木版印刷を発展させなかったようである。その木版印刷に代わる技術として、金細工師グーテンベルクによって発明されたのが活版印刷術であった。ルターの著作は、発明後五〇年以上を経てようやく定着しつつあった、この新技術を用いていた点で、まさに時代の産物ともいえる。ルターが文書活動を始めた頃にはすでに、大きな都市では印刷所がいくつも設けられるようになっていた。宗教改革の時期を通じ、ヨーロッパ全体で六〇〇〇万冊の書籍が発行されていたとの報告もある。

　ルターの筆力は凄まじく、友人への手紙には、「半分書き上げて印刷所に回し、残りの執筆を続けている」というくだりがしばしば見られる。ラテン語によるもの、ドイツ語によるもの両方合わせ、初版以外の版も含めた総著作数は、生涯に三〇〇〇点を超える。

その性格をひと言でいうと、ラテン語の著作は学問的かつ批判・攻撃的、ドイツ語の著作は信仰的かつ建徳的である。この性格の違いは、だれに向けて書いたかの違いでもある。ラテン語の著作は、おもにヨーロッパ全体の神学者、聖職者たちに向けて書いたものであった。ルターは自分の新しい神学理解をラテン語の専門書として公刊した。一五二〇年に執筆した『教会のバビロン捕囚について』はその初期代表作のひとつといえる。

ところが、そうした著作に対して、ローマ・カトリック教会の側からは様々な批判と非難が加えられた。そこでルターは、そうした批判や非難に反論し、カトリック神学を厳しく攻撃する書籍も執筆した。それらの著作からは、非常に気性の激しい、ルターの別の横顔をうかがうことができる。ルターは、聖書の理解にかけては非常に厳しかった。一方で、神学者として生涯、「自分は本当に間違っていないのか」と問い返すことも止めなかった。神学者としての厳しさは、論敵ばかりでなく、自分に対しても向けられていたのである。

ドイツ語で書かれた著作は、それとは対照的である。民衆に向けて書かれた著作は、穏やかに語りかける調子が特徴である。少し相手が変わって、貴族や都市の参事会員に向けて書いた著作は、呼びかけるような調子をもつ。たとえば、『キリスト教界の改善について　ドイツのキリスト者貴族に宛てて』という著作は、かなり強い呼びかけで始まる。「沈黙の時は過ぎ去り、語るべき時が来ました」と、改革に参加するよう強く訴えている。

膨大な数にのぼるルターの著作は、今日でいえばどれも「ベストセラー」と呼ばれるものであろう。生涯の間に出版した著作の総点数を諸研究によってまとめると、おおよそ次のようになる。

	初版	総点数
ドイツ語著作	四一四点	二六四五点
ラテン語著作	一三〇点	五三八点
合　計	五四四点	三一八三点

初版とは執筆後にルター自らが印刷所に依頼して出版されたものであり、総点数はその初版をもとに各地で勝手に印刷されたものを含んでいる。研究者によって詳しく確認され、リストアップされている。

ここで、やや単純ではあるが、仮に各著作の発行部数を一〇〇〇冊とすると、累計三〇〇万冊を超える数字になる。宗教改革期のヨーロッパの出版物総数の、半分以上を一人で占めることになる。文字が読めない人のために読み聞かせも行われていたから、その影響力は数字以上のものがあったと考えられる。

キリスト者の自由について

第3章でも述べたが、ルターの著作活動のピークは一五二〇年である。この年は、その後の宗教改革の広がりを決定づけた著作群が公刊された年として、とくに記憶される。なかでも、「宗教改革五大著作」と呼ばれる五つの著作が重要である。五月の『善い行いについて』と『ローマの教皇制について』を皮切りに、八月には『キリスト教界の改善について　ドイツのキリスト者貴族に宛てて』、一〇月には『教会のバビロン捕囚について』、一一月には締めくくりともいうべき『キリスト者の自由について』を出版している。『教会のバビロン捕囚について』を除き、すべてドイツ語で公刊されている。

内容を簡単に紹介すると、『善い行いについて』では、中世の教会の教えと実践から離れて、聖書に従った、信仰から出る善い行いを説く、信仰者の生き方が勧められている。『ローマの教皇制について』では、ローマの教皇制の誤りを指摘し、真の教会は神のことばに生きる信仰者の共同体であることが強調されている。『キリスト教界の改善について』では、宗教改革的

『善い行いについて』

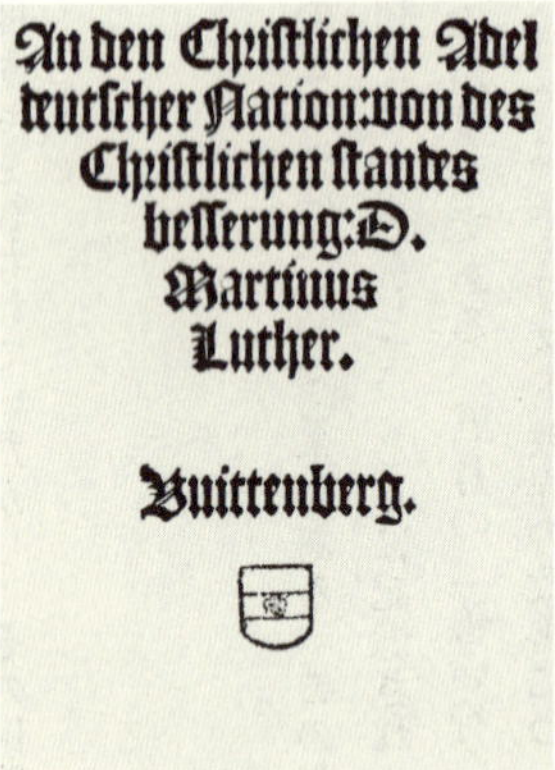

『キリスト教界の改善について ドイツのキリスト者貴族に宛てて』

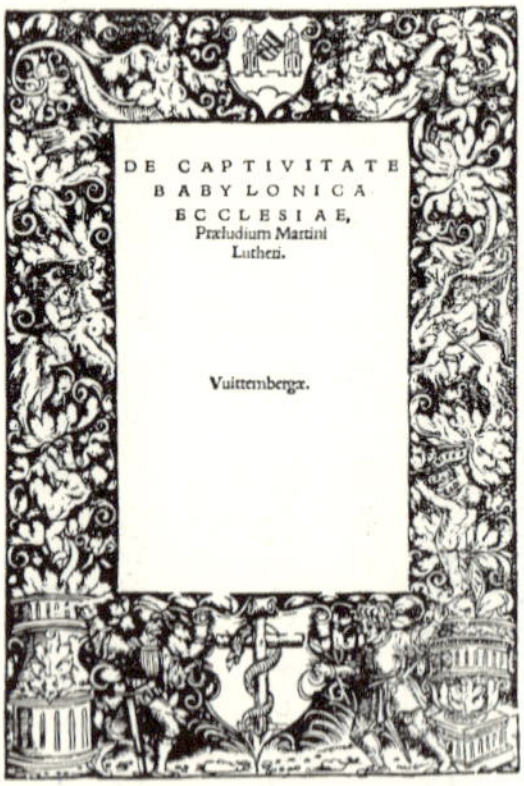

『教会のバビロン捕囚について』

宗教改革五大著作から．1520 年はルターの著作活動のピークをなす年であり，後世に残る重要な著作が量産された

に生きようとするキリスト教貴族に向けて、ドイツをキリスト教的に改善する必要の訴えと、具体的な二七項目の改善策を提案している。この著作は、ドイツ内でのルターの支持層をドイツ・ナショナリズムの立場の騎士階級や人文主義者たちにまで広げたことで重要な意味をもつ。

ラテン語で書かれた『教会のバビロン捕囚について』では、中世以来の七つの秘跡（サクラメント）の問題性を厳しく批判し、それを「捕囚」と捉えた。カトリックの秘跡は洗礼、聖餐《せいさん》、悔悛、堅振《けんしん》（嬰児《えいじ》に施した洗礼の恵みの再確認）、終油、結婚、叙階の七つで、それぞれに応じた霊的な恵みを伝えるものと理解されていた。ルターはこの書でこれを一つひとつ取り上げて批判した。そのうえで、秘跡はキリストの設定にもとづく洗礼と聖餐の二つであるべきだという方向を示した。

これらの著作はいずれも宗教改革の展開にとっても、さらにはキリスト教の信仰や生活の学びにとっても重要な役割を果たし、今日に至るまで影響を与えつづけている。なかでも重要なのは『キリスト者の自由について』であろう。ルターの著作としては日本で最初に翻訳紹介されたものでもあるので、少し詳しく紹介しておこう。

『キリスト者の自由について』は、ルターが破門されるか否かの瀬戸際にあった、一五二〇年一二月に書かれた著作である。冒頭、「教皇への献呈文」が付くことからもうかがえるように、この本の出版には教皇庁との和解工作もからんでおり、ドイツ語版とは別に教皇への献上用のラテン語版も存在する。ドイツ語版とラテン語版のどちらが先に書かれたかは、専門家の間でも意見の分かれるところである。筆者は、著作の内容はドイツ語でまず構想されたと考えている。

例をあげて示そう。タイトルにもあり、著作の中心概念ともいえる「自由」と訳される言葉は、ラテン語版とドイツ語版とでは、使われている単語が異なる。ラテン語版では「リベルタス(libertas)」が、ドイツ語版では「フライハイト(freiheit)」がそれぞれ使われている。これは英語でいえば、ラテン語版では「リバティ(liberty)」が、ドイツ語版では「フリーダム(freedom)」が使われていることに相当する。

ラテン語の「リベルタス」という単語には、古代ギリシア以来の「人間の意志の自由」という意味が含まれている。法的指向が強いローマで成立した単語であるだけに、おもに個人の権利をさしている。他方、ドイツ語の「フライハイト」という単語には、「共同体に所属する意識とそれへの愛と忠誠」という意味が含まれ、古代ゲルマンの部族意識が宿っている。ルターは、個人の権利をさすラテン語の「リベルタス」では、「自由」という概念の本質は表しきれないと考えた。そこで、ドイツ語の「フライハイト」にある「共同体への愛と忠誠」という意味を基礎にして、『キリスト者の自由について』を構想したと考えられる。

ルターにとっての「共同体」とは、『ローマの教皇制について』で論じた真の教会、すなわち神のことばに生きる信仰者の共同体である。ルターはおそらく、ドイツ語に由来する「共同体への帰属と愛」という意味をむしろ逆にラテン語の「リベルタス」へ盛り込もうと、教皇に献呈するラテン語版を書いたものと考えられる。つまり、「フライハイト」というドイツ語を使うことは、教皇制に対する挑戦でもあった。

その一方でルターには、ドイツ語、それも極めて庶民的なドイツ語を用いることで、ラテン語の意味を正し、また豊かにしていく、という明確な意識と意図もあったと考えられる。中世の神学とラテン語は表裏一体をなしている。神学的な概念を言い表すには、ラテン語がより厳密であり、ラテン語以外の言葉はありえないと見なされていた。しかし、ルターの目には、そのラテン語がいまや、概念を伝統的な意味や用法に固定化し、硬直化させていると映っていた。したがって、ルターは、キリスト教信仰の核心にふれる概念について、意味の置き換えをしなくてはならなかった。

その点で、民衆の言葉であるドイツ語には、神学的な伝統からくる重荷はない。そこで、ドイツ語から出発することで、言葉の本来の意味にまでさかのぼって概念を構築できるとルター

『キリスト者の自由について』（1520 年）．ヴィッテンベルク発行の初版本の表紙

は考えた。すなわち、ラテン語のもつ中世的な意味合いの、ドイツ語による決定的な修正を試みようとした。それは、抽象的な言葉であるラテン語の意味を修正しつつ、宗教改革的な信仰の真髄を示す、「言葉の再形成」であった。

一五二〇年における五つの著作はいずれも、その底流に「自由」をめぐる思索がある。それら一連の著作のなかでも『キリスト者の自由について』は要の位置にある革新的著作といえる。では、この著作はどのような意味で新しく、革新的であったのだろうか。

ルターより以前に、「自由」という概念や言葉が存在しなかったわけではない。中世の神学における自由の概念は、大きく分けて二つの側面をもつ。ひとつは、「人間の意志の自由」という側面。もうひとつは、「教会の自由」という側面である。これら二つの「自由」はそれぞれ、古代ギリシア、ローマにおける自由理解のキリスト教化であるといってよい。「意志の自由」は、理性のはたらきにおいて人間は自由であると考えた、古代ギリシアの自由理解をキリスト教化したものである。「教会の自由」は、教会の権利、権益に関わる、古代ローマ帝国以来の政治的な自由理解をキリスト教化したものにほかならない。

　これら二つの自由は、互いに別の脈絡をもつにもかかわらず、どちらも人間の「救い」に関係する点で一つに結び合わされていた。人間の意志の自由は、「救い」というものに対する前提条件となる。一方、教会の自由は、教会による「救い」の管理権を保障する。こうした「救い」に対する理解と認識が相まって、教会に管理された救いにおいて、人間は罰からも自由になれると考えられるようになっていたのが、ルターの生きた時代であった。ルターが九五箇条の提題で「愛のわざによって愛は成長し、人間はより良くなるが、贖宥によって人間はより良くならず、ただ罰から自由になるにすぎない」と指摘しているのは、この問題を突いているのである。

2　歌うルター

ゆっくりとした改革

説教運動、文書運動につづいて、満を持して取りかかったのが教会慣習の改革運動である。

伝統に守られてきた教会慣習の一つひとつを、信仰の基本から見直して、慎重にゆっくりと改革していった。ヴィッテンベルクの混乱が多岐にわたる教会慣習を一挙に改めようとして起こったことと比べると、その慎重さはきわめて対照的である。それも、「そうあらねばならない」という指示命令としてではなく、自分はこのように改革の一例を示すが、もっと良い策があれば各自試みてほしいという、おおらかなものであった。

こうして一五二三、二四年のうちにまず、礼拝改革、それに必要不可欠と思われた会衆の賛美歌の呼びかけ、創作から着手した。その後に、中世以来の教会財産の活用、地域福祉の提言、学校教育の提案などがつづく。民衆運動としての宗教改革はこうして、社会生活のあり方そのものを変えるような、市民の「生活運動」として進行していくことになる。革命がともすると社会基盤の破壊につながるのと違い、ルターの改革は破壊を呼び起こすことなく、社会の再形成をめざすものであったといえる。

ゆっくりとした改革の典型は礼拝改革に見られる。ルターは、中世以来の伝統として厳守されてきたラテン語による礼拝には基本的に反対であった。しかし、それをすぐにドイツ語に切り替えるようなことはせず、まずドイツ語でわかりやすく「礼拝とは何か」を考える著作を書き、その基本を啓蒙していくことから始めた。

ルターの礼拝改革の中心は、「神の奉仕」という理解の仕方にもとづく。ここで、「神への奉仕」ではないことに注意が必要である。ルターの考える礼拝は、英語で言えば「サービス」に当たる。そこで、人間が神に奉仕することだと考えられがちだが、そうではない。まったく逆に、神が人間に奉仕すると考えるのが、ルターの考える礼拝なのである。

礼拝というと、「神」に当たるものに向かって人間が奉仕するという形態をとるのが一般的であろう。供物を捧げるにしろ、神楽のような奉納舞を捧げるにしろ、あるいは犠牲を捧げるにしろ、神の気持ちをなだめ、和らげ、満足させるために、人間が何らかのかたちで奉仕をするという形態をとる。大聖堂で荘厳に行われる中世の教会の礼拝もその例外ではなかった。

ルターの考える礼拝は、それとは一八〇度逆の方向を向いている点でユニークといえる。それは、ルターの到達した「十字架の神学」を、教会という場で目に見えるかたちで示すものであった。信仰というものを具体的に表す礼拝は、「神の奉仕」という理解をはっきりと表すものでなければならなかったのである。礼拝の具体的な改革は、民衆がこうしたルターの理解にいささか慣れてきたところを見計らって行われた。

賛美歌の始まり

賛美歌はキリスト教の礼拝と切っても切れないものだが、教会に集まって人びとが歌う賛美歌を始めたのがルターであると知る人は、必ずしも多くないようである。宗教改革の信仰と思想を歌い上げる賛美歌は、文字を読めない民衆たちもそらんじて歌ったことから、宗教改革の広がりに大きな影響を与えた。人びとの心を揺さぶる歌には、説教などの言葉とはまた違った、直接的な力があったとも考えられる。

ルターには音楽的な才能もあった。教会の付属学校で初めて音楽に接し、聖歌隊の一員となって一軒ずつ門前に立っては喜捨を得、学業の足しにすることもあった。大学で教育を受けるようになると、七学芸の一つとして正規の音楽教育を受けた。学校の寮では、ギターに似たツィターという楽器を爪弾いて、仲間たちと歌っていたという記録もある。晩年のルターがこの楽器を手に、息子や娘たちと歌っている絵も残っている。音楽はつねにルターの身近にあった。

祈りが中心を占める修道院生活はまた、音楽の生活だったと言ってもよい。グレゴリアンの聖歌や詩篇のラテン語での朗誦など、日に七度の礼拝を通じて修道士は毎日、音楽に浸かっていたようなものであった。生まれついての才能もさることながら、大学や修道院で日々接した音楽が、ルターの人間形成に大きな影響を与えていたことは想像に難くない。そして、さらにはその体験が、のちの宗教改革での実践に結びついていくことにもなるのである。

礼拝改革を進めるなか、ドイツ語による説教につづいてルターが導入したいと考えたのは、民衆が歌うドイツ語の賛美歌であった。中世の伝統的な聖歌ではやはり、もっぱらラテン語が使われていた。礼拝に際して歌う典礼歌や教会賛歌は形式が厳格に整えられ、教会に所属する音楽家や聖歌隊が歌うものであった。教会に集まる民衆は、何を歌っているのか理解できなくても、厳かな面持ちでただ静かに聴いていればよかった。聖歌は礼拝堂を荘厳な雰囲気につつみこむ一方、教会に集まる民衆たちにとっては理解をこえるものだったのである。ルターはそれを改め、普段つかうドイツ語で歌うことを通して、民衆を礼拝に参加させようと試みた。

一五二三年秋、ルターは自ら一つの賛美歌を作詞、作曲した。詩篇の第一三〇編にもとづく、「深みから私はあなたを呼ぶ」という賛美歌である。８・７・８・７という音節で整えた歌詞も、それに付した曲も、当時の作法に準じた意欲的なものであった。この賛美歌を示してルターは、同僚たちに新しい賛美歌を一緒につくるよう呼びかけ、ヨハン・ワルターという音楽家の協力も得られることになった。

ルターの前には、中世以来の伝統的な典礼歌、教会の暦に応じた季節ごとの典礼歌などが数多くあった。ルターの手法の特徴は、これらをドイツ語に改め、編曲する一方、伝統を離れて、まったくの自由詩で賛美歌を創作するというものである。クリスマス前の待降節（クリスマスに向かう四週間）、クリスマス、復活祭（十字架の死の後のキリストの復活を祝う日）、聖霊降臨日（復活祭から数えて五〇日目、キリスト教会の誕生を祝う日）のための賛美歌は、民衆の生活感や季節感に注目して、民衆の視点から新たに作り直した。それらに加えて、宗教改革の信仰ゆえにアントワープで殉教した修道士を想う創作の賛美歌もあった。こうして一五二四年の終わりには、新しい二四曲を収めた、最初の賛美歌集が出版された。

『賛美歌集』(1524年). ルター作詞・作曲の賛美歌を中心に, 24曲を収めた最初の歌集. 図にあるのは, 1523年に作曲した「いま喜べ, あなたがたキリストの教会よ」

コラールの歌ごえ運動

民衆運動としての宗教改革には二つの側面がある。ひとつは、聖書のメッセージを説教によって聴く、受動的な「ことばの運動」という側面である。もうひとつは、そのメッセージを受け止めて声を出して歌う、能動的な「歌ごえの運動」という側面である。どちらも、民衆の言葉であるドイツ語を取り入れた点で画期的なことであった。賛美歌は説教と両輪をなし、ルターの礼拝改革を支えていった。

ルターのドイツ語に対する感覚、音楽に対する感覚を示す一例を紹介しよう。「来ませ、異邦人の救い主よ」というラテン語による八音節四行の典礼歌がある。これに対するドイツ語版の「来ませ、異邦人の救い主よ」が二つ残っている。ルターとならび宗教改革者として知られるトマス・ミュンツァー作と、ルター作の二つである。ミュンツァー作は、元のラテン語詞の意味を忠実にドイツ語に移し替え、八音節四行の賛美歌としてある。メロディーはそのままである。一方のルター作は、ドイツ語の語義にまでさかのぼって考え、歌詞に自分なりの手直しを試み、七音節四行の賛美歌となっている。メロディーはこの音節に合うよう、基本は保ちつつも、随所に八分音符を導入して編曲が施されている。ドイツのプロテスタント教会では現在も、ルター作の形式に従って歌われており、日本語にも訳されていて歌うことができる。

民衆が歌う賛美歌は、やがて「コラール」と呼ばれるようになっていった。コラールとはもともと、一四世紀頃、グレゴリアン聖歌を一般の歌と区別して呼んだものである。しかし、宗教改革によって民衆の歌う賛美歌が盛んになると、そちらを「コラール」と呼ぶようになった。ルターは生涯の間に五〇編ほどのコラールを作詞し、そのいくつかについては作曲もした。晩年に愛誦した詩篇第一一八編17節を、四声のモテット(無伴奏の合唱曲)に作曲したものが残されている。いま演奏すれば四〇秒ほどの短いものだが、ルターの言語感覚の鋭さと音楽的才能がうかがえる作品である。

一六世紀の後半から一七世紀にかけて、ドイツは優れたコラールの作詞家、作曲家を数多く輩出した。もし彼らのコラールがなければ、バッハのオルガン曲、カンタータ、受難曲、オラトリオなどの教会音楽は生まれなかったと言ってよい。そのバッハからほぼ一〇〇年後、忘れられていたマタイ受難曲を復活演奏したメンデルスゾーンは、その交響曲第五番で、ルター作のコラール「神はわがやぐら」のメロディーを取り入れた。そのほか、コラールにもとづくオルガン曲も数多く作曲している。ブラームスにもそうした作品が多い。

ナチスによる迫害で非業の死を遂げたディートリヒ・ボンヘッファーやヨッヘン・クレッパーの残した詩曲は、現代のコラールと呼ぶにふさわしい作品である。ルターに始まるコラールは過去のものではなく、現代の音楽の中にも生きつづけている。ドイツでは現在も、コラールに関わる作曲や演奏によって活動をする音楽家が少なくない。

もっとも、コラールをめぐっては、忘れてはならない歴史の重い事実もある。それが、他ならぬルター作詞・作曲による「神はわがやぐら」であった。一九三〇年代、ヒトラーの台頭とともにナチズムがドイツを席捲したが、ナチスはドイツ的キリスト教の確立に向けた大衆運動も推し進めた。その際、彼らはルターの著作からの抜粋を多用して反ユダヤ主義を強化、扇動するとともに、ドイツにおけるキリスト教の英雄としてルターを担ぎ上げた。そして、示威活動の一環として街中を練り歩くとき、「神はわがやぐら」を自分たちの行進歌として利用したのである。

ルター作曲の「神はわがやぐら」のメロディーはゆっくりしたものだったが、一〇〇年から一五〇年ほど後には、ルターの原曲を四拍子に編曲したものが歌われるようになった。ナチスはこの曲を、行進曲風の勇ましい調子で、軍靴の音を響かせて歌ったのだった。ルターを「ドイツの英雄」に祭り上げて、勇ましくがなり立てればよかったので、彼らには歌詞の意味など二の次であっただろう。しかし、その歌詞は、まぎれもなくルターが書いたものであった。現在、ドイツで出版されている賛美歌集には、この曲も収められているが、ルター作曲のオリジナルメロディーが先に掲げられている。過去の過ちを忘れない人たちの多くは、このコラールを歌うことに大きなためらいを感じている。

3　生活の新しい姿

変わる学校教育

聖書のことばに立ったルターの改革は、教会の中だけに止まらず、人びとの生活の中にも浸透していった。そのなかでも筆者が注目するのは、学校教育の改革である。

さきにも指摘したように、この時代のドイツの人びとの識字率はとても低かったが、その要因のひとつに初等教育の不備があった。ルター自身も体験していたように、当時の初等教育は、各地の教会や修道院で司祭や修道士たちが読み書きを教えるという程度のものであった。それでも、教会の学校に通えるならばまだしもよかった。大半の子どもは、家の仕事にしばられて、学ぶ機会を与えられていなかったのである。

当時のドイツでは、子どもは「子ども」として見られていなかった。子どもは「小さな大人」であった。少し後の時代になるが、子どもが遊んでいる様子を描いたブリューゲルの絵画がある。子どもはみな、小さなサイズの大人服を着て、大人の使う道具のお古や、それに似せた木切れなどで遊んでいることがわかる。子ども服やおもちゃなど、ほとんどなかったのである。都市でも農村でも、庶民の間では子どもは貴重な働き手のひとりであった。その子どもを学校に送るなどという考えは、なかなか生まれない時代であった。

改革の発端は、ルターが一五二四年に書いた、『ドイツ全市の参事会員に宛てて　キリスト教的学校の設立について』という著作である。聖書のことばを理解するためには、言葉の教育が何より欠かせない。そう考えたルターは、算術、音楽、歴史にならぶ四教科のひとつとしてドイツ語を選び、初等教育改革への提言を行った。

ルターの訴えは、ヴィッテンベルクをはじめ、アウグスブルクやニュールンベルクなどの大都市では比較的すぐに実現した。しかし、学校が設立されても、親の意識はそうすぐに変わるものではない。そこでルターは、子どもの親たちに宛てた『子どもを学校に送ることについての説教』を公にして、教育に対する意識改革をはかった。ここで明らかにされたのは、教育義務の問題である。子どもには教育を受ける権利があり、親はその権利を実現する義務を負い、各都市の参事会は親の委託を受けて教育義務の一端を担う、というのがルターの理解であった。

ルターの呼びかけが実をむすび、ドイツの全土に子どもの教育が普及するまでには、それから半世紀もの時間を必要とした。ある意味では、これ以上にゆっくりとした改革はないともいえるだろう。しかし、それが識字率を向上させ、ドイツにおける初等教育の基礎を形づくるこ

修道服を脱ぎ，剃髪をやめたルター．1524年．クラナッハ画

とになった。さらには、その教育の場で、ルター訳の聖書が読まれたことも見逃せない。決して目立つものではないが、聖書のことばが人びとの間に行き渡るうえで、初等教育の果たした役割の大きさは計り知れないものがあった。

ルターの結婚

聖職者の生活もまた、改革を契機に大きく変わった。ワルトブルク城での滞在期にルターが書いた著作の中に、『修道誓願について　マルティン・ルターの判断』という著作がある。ルターはこの著作で、聖書を読み、祈り、労働する生活が、修道士だけでなく、そもそもすべてのキリスト者の生き方の理想であると唱える一方、修道士は日々功績を積むことで救いを獲得できるとする、カトリックの伝統的な修道制度を徹底的に批判した。そして、修道服を脱ぎ捨て、自分はもはや修道士ではないと身をもって示すようになった。

そうした果敢な行動に共感した修道女たちが、ヴィッテンベルクの南一〇〇キロあまりの小村ニムシェンの女子修道院から、ルターの元へと脱出してきた。脱走者も、それを助けた者も重罪という決まりが残っていた時代のことである。塩漬けの鰊《にしん》の臭いがする空き樽に身を潜めての脱出行であった。

ルターはここで、さらなる一歩を踏み出す。一五二五年、その修道女のひとり、カタリーナ・フォン・ボラと結婚したのである。いかに自分は教会慣習にはとらわれないと宣言したとはいえ、生涯独身を誓願したはずの修道士、修道女の結婚である。カトリックの側からは、「悪魔に惑わされた、許されざる所行」といった激しい非難が浴びせられた。ルターの周りでも、メランヒトンのように、修道士、修道女の結婚は認めながらも、ルターには結婚してほしくなかったと思う者もいた。

ルターの妻カタリーナ．ルターの改革に賛同して修道院を脱出し，のちにルターと結婚，20年にわたり生活を共にする．クラナッハ画

しかし、「ルターは結婚することによって、その理想に生きた」と評価する者もいた。ひとりの男とひとりの女が神の祝福のうちに結婚して、家庭を築き、子どもを産み育てる。それはルターにとって、ごく自然な人生の営

みと考えられた。

社会の中で夫婦と家庭が果たす役割も見逃せない。家庭は、社会における最初の交わりであり、共同体の始まりだからである。聖職者のみが、その交わりの例外であるはずがない。結婚は、ルターが聖書のことばから受け止めた、信仰に生きる実践のひとつだったのである。

子育てからの気づき

結婚の翌年、ルターには長男ハンス(祖父と同じ名前)が生まれた。聖書のことばを日々の生活に密着させながら伝えていく必要がある。そう感じていたルターにとって、子育ては重要な示唆を与えてくれる貴重な体験となった。家庭での信仰の手引き書ともいえる『小教理問答』は、そうした体験から生まれた著作である。

毎日の生活のなかで、子どもに「おとうさん、これ、なあに?」と尋ねられることがあるだろう。また、そうした子どもの素朴な問いかけの中にこそ、根源的、本質的な問いが隠されているものである。親はその問いかけに対して、きちんと答えられなくてはならない。ルターは、成長する息子とのふれ合いの中から、そう気づかされた。十戒、使徒信条、主の祈りなど、キリスト教信仰の中心となる文言をひとつずつ取り上げ、一問一答形式で書かれた『小教理問答』は、まさしく親と子の会話、問答を映し出した著作である。信仰というものをめぐって交わされるその問答には、人間同士の真の言葉のやりとりがあると筆者は考える。

この『小教理問答』と対をなすのが、『大教理問答』という著作である。ルターは、「これからは、このような信仰教育をしてみてはどうだろう」と呼びかける意味で、自らがくり返し行った説教を著作にまとめた。『大教理問答』はそのようにして書かれた、いわば、牧師や教師のための指導手引きである。

『小教理問答』と『大教理問答』、この二つの著作が、親をはじめ、教師や牧師たちに読まれ、家庭でくり返し取り上げられる。そうして、ルターが説く「信仰のみ」というメッセージは何百年もの間、人びとの心に受け止められつづけているのである。

第5章　ことばを受けとめる

1　危機と限界

重なりあう危機

さて、以上のように書いてくると、あたかもすべてが順風満帆に進んでいたように思われるかもしれない。しかし、決してそうではなかった。改革というものの宿命なのか、ルターの宗教改革はたえず危機と隣り合わせであった。ローマ・カトリック教会の弾圧は以前にもまして激しくなっており、一五二三年、ベルギーのルーヴァンでは、宗教改革に与《くみ》したかどで修道士が火刑に処されるという事件も起きた。住んでいる町から追われる人びともいた。スペインなど、カトリック色の強いところでは異端審問が再び行われるようになった。ザクセンのすぐとなりの領内では、ルターの著作はもちろん、ルター訳の聖書までが禁書にされ、没収命令が出ていた。

危機というものは、次々と重なりあって到来するものである。ルターは外部の敵のみならず、改革を支える内部にも困難をかかえていた。古今を問わず、何かを改革しようとすれば、一方でそれを頑なに拒む者、極端に推し進めようとする者がいる。ローマという巨大な敵を前にしていながら、改革のグループ内部では深刻な対立が進行していたのである。

その対立は、より本質的には、神の「義」が人間にどのようにもたらされるか、その理解をめぐる対立であったと考えられる。ルターは、人間が神から「義(正しさ)」を受け取るには、神のことばに耳を傾けなくてはならないと考えていた。ただし、人間は本来、神とは「反対の方を向いている」(それが「罪」の本来の意味であった)ために、神のことばは、そのままでは人間の心に届かない。ルターはこの問題に対して、「神のことばは神の霊と共に働く」と言ったが、それは神の「霊」が働くことで初めて、神のことばは人間の心に届くようになる、という意味である。そうしてようやく、人間は神から「義(正しさ)」という贈り物を受け取ることができるのである。

一方、ルターが厳しく非難した「熱狂主義者」と呼ばれる人びとは、神の霊が直接人間に働きかけることで、人間は救われると理解していた。つまり、人間の救いに、神のことばは関与しないのである。ルターが危機感をおぼえていたのは、そうした理解が聖書を軽視し、律法主義を招くと見ていたからである。

神の働きかけを受ける者は、それにふさわしい清い生活を送らなくてはならない。このように、熱狂主義の人びとの間では、「～しなければならない」「～してはならない」という戒律にも似た強制が生活の端々にまで及んでいた。熱狂主義とローマ・カトリック教会とは、顔こそ違うが尻尾は結び付いた二匹の狼のようだと言われることがある。償いの行いを積んでいけば、それが業績となり、神に受け入れられる。カトリック教会の功績主義と、熱狂主義の律法主義的な傾向は、たがいに相通じる部分があった。これは、ルターには受け入れられないものであった。しかし、どんなに激しく非難しても、熱狂主義はなかなかなくならない。ルターは終生、熱狂主義の動きに悩まされることになる。

エラスムスとの論争

人文主義の思想家エラスムスをめぐっては、カトリック教会、改革側ともに、なんとかして自陣営に引き込みたいと願っていた。当代きっての思想家の支持を得られれば、戦いに有利になるからである。

第2章でも述べたように、ルターは神学研究の途上でエラスムスのギリシア語新約聖書と出会い、決定的な影響を受けていた。ただし、その影響はあくまで研究の上でのこと、主として語学上でのことである。改革の仲間の中でも、エラスムスを自分たちの側に引き入れようとの声はあったが、ルター自身は懐疑的で、エラスムスに対しては一定の距離をとり、あまり接近しないよう努めていた。人文主義の中心はあくまで人間、あるいは人間の理性であると判断しての距離感である。ルターはエラスムスが改革へ口をはさまず、本来の古典研究に集中していてほしいと願い、エラスムス宛の手紙でもそうはっきり書いていた。敵にまわすと厄介だが、さりとて味方にもしたくないということで、「どうか傍観者でいてください」と書いてもいる。

一方、エラスムスは、宗教改革に一定の理解は示していたものの、学者として教会や信仰の問題とは距離を置きつづけていた。しかし、周囲の目にはカトリック教会への批判が改革への同調と映ったのか、あたかも彼が改革の一翼であるかのように見る者も現れるようになった。こうなると、エラスムスとしても黙っているわけにはいかない。ルターの考え方には必ずしも同意できない点もある。そこで、自分とルターとの違いを明示

エラスムス(1467–1536). 人文主義の学者. カトリックとは距離をおいていたが, 自由意志の問題をめぐり, ルターと対立した. デューラー画

するべく、著作を出版することにした。それが、一五二四年の『評論　自由意志について』という本である。これは、ルターの神の「義」に対するエラスムスの見解をまとめた著作である。「評論」と銘打つところに、改革全般に対するエラスムスのスタンスが表れているといえるだろう。自分はあくまでも学者として客観的にこれを論じるとの姿勢表明である。

エラスムスはこの著作で、人間にはある程度まで自由意志が与えられており、聖書の律法に書かれている決まりも、人間は自らの意志でその実現に努力すれば、ある程度までそれを果たすことができると論じた。そして、信仰に関わる問題すべてについて論じる際に、ルターは「信仰の主張」をしすぎる、それを一度やめてみるべきではないかと年長者らしく勧めている。

一歩踏み出したエラスムスを見て、なぜ黙っていられなかったかと、ルターは口惜しく感じたであろう。これで自分も反論せざるをえなくなった。ただし、激化の一途をたどる農民戦争への対処に追われ、すぐには応じられない。反論は翌二五年の『奴隷的意志について』という本の出版まで持ち越された。

エラスムスの「評論」の指摘に対して、ルターは冒頭から「信仰の主張」をもって応じたところが、両者のすれちがいをすでに浮き彫りにしている。信仰について語るということは、ルターにとっては「信仰の主張」「信仰の告白」にならざるをえなかったのである。人間の意志の問題は、エラスムスにとっては学者として論じるべき問題であったが、ルターにとってはキリスト者としての信仰に関わる問題だった。罪に捕らわれた存在である人間に自由な意志はなく、その意志は、神に従うか、悪魔に従うか、いずれにしても奴隷的であらざるをえない。アウグスティヌスの立場を一層先鋭化したかたちで論述した。

「ルター・エラスムス論争」と呼ばれるこの出来事は、「論争」とはいうものの、実際には両者の主張はほとんどかみ合わず、すれ違いに終わったという方が当たっているだろう。エラスムスの側からすれば、信仰という人知の及ばない領域での論争は、消耗させられるものであったに違いない。彼は一度はさらに反論を書いたものの、ルターはもはやこれに応ぜず、やがて論争はこのまま終わってしまった。この「論争」の結果、メランヒトンなど一部を除き、人文主義者の多くが宗教改革とは距離を置くようになった。

信仰という一点において一切妥協を許さないルターの強い姿勢は、己の信念にもとづく純粋なものであった。しかし、ローマ・カトリックとの闘争を生き抜くうえで、それは時に自分を不利にすることもあった。同様のことは、次に見るドイツ農民戦争のときの判断と行動にも当てはまる。

エラスムスが批判の矛先を向けてきたちょうどその頃、南ドイツに端を発した農民一揆が激化しつつあった。ルターの改革を契機に社会全体が流動化してくると、各地では諸要求を掲げた農民のさまざまな一揆が起こり、ドイツ全土を横断する広がりを見せていたのである。

一五二五年、シュワーベン地方の農民たちは、自分たちの運動がキリスト教的であること、したがって神学者の判断に従うことを明言したうえで、一二箇条にわたる宗教的、社会的要求を掲げた。彼らに見解を求められたルターは「勧告」を執筆し、まず諸侯の責任を指摘し、中立、公平な仲介者を得て、事態の平和的な解決に努めるよう求めた。ルターの主張は、キリスト教の名の下に社会的要求を掲げてはならないこと、ただし農民たちの要求の中には正当なものもあるので、諸侯はこれを認める努力をすべきこと、事態の解決に当たって実力行使は行ってはならないことなどであった。

ところが、状況は急激に悪化し、一揆は一気に暴動状態へとエスカレートしていった。急展開する事態に対応できず、荒れるに任せていたなかで、ルターは急遽《きゅうきょ》、『農民の殺人・強盗団に抗して』を執筆して、暴徒の鎮圧を諸侯に求める。かつてヴィッテンベルクの騒乱に直面した際には、「力によらず、ことばによって」の基本に立ち、事態を平和的な解決に導いたルタ

ドイツ農民戦争．蜂起した農民に襲いかかる諸侯の軍勢．凄惨をきわめ，10万人の農民が虐殺されたという説もある

ーであったが、このときは、信仰においては一切妥協しないという厳しい一面を見せた。ルターにとって、福音の名の下、暴力によって要求が押し進められるのは、認め難いことだったのである。

ルターの「お墨付き」を得て、大義名分を手にした諸侯は態勢を立て直して、にわか仕立ての農民勢をたちまち蹂躙《じゅうりん》した。乱に加わった農民のすべてが暴徒であったわけではないだろう。鎮圧の要請を出す前には、自ら説得に当たろうと、ルターは身の危険も顧みず、蜂起した農民らとの接触も試みていた。苦渋の末の要請であったと思われるが、結果として、多くの農民たちを死に追いやってしまったことは否定できない。これを機に、ルターと宗教改革は農民たちの支持を失うことになった。南ドイツに改革が浸透していないことには、こうしたことも関係していると考えられる。宗教改革に反対する立場の者からすれば、ルターの呼びかけによってこのような動乱と殺戮《さつりく》が起こったわけで、この事件は恰好の攻撃材料となった。

ユダヤ人とルター

ヨーロッパのいろいろな都市を訪れると、中世のユダヤ人通りや街区に案内されることがある。多くは第二次大戦後に復元されたものだが、路地の入り口は厚い木の扉で閉ざされ、階を重ねて突き出る窓の列を見上げていると、ユダヤ人たちがいかに逼塞した生活を強いられていたかが察せられて、胸が痛む。街区があったとしても、市の城壁の外に追いやられた。通りや街区がない都市は、ユダヤ人の居住を一切認めなかった。民族の伝統であるユダヤ教を守り信じるユダヤ人たちは、中世のキリスト教的一体世界では周縁の存在だったのである。

ユダヤ人のキリスト教への改宗は、ルターの生涯の課題であった。一五二三年に書かれた『イエス・キリストはユダヤ人として生まれたことについて』という小著作がある。かつてローマ・カトリック教会が支配していた時代には、キリストの福音は正しく教えられていなかった。だから、ユダヤ人はキリスト教に改宗するのが困難だったのだ。このように論じるルターは、ユダヤ人として生まれたイエス・キリストの説いた福音が、宗教改革によって明らかにされた以上、ユダヤ人もいまやキリストの教えの下に身を寄せることができるだろうと説く。しかし、それから二〇年の歳月を経ても、ルターの期待することはほとんど起こらなかった。自らの楽観を悟ったルターは、一転、ユダヤ人の頑迷さを激しい口調で批判した。老いの短気のせいでもあろうか。

その著書『ユダヤ人とそのいつわりについて』が、四〇〇年も後になって、反ユダヤ主義に利用されることになろうとは、ルターはおろか、誰も想像しなかっただろう。ナチスはルターをドイツの英雄と称揚したうえで、その主張の一部を都合よく抜き書きし、反ユダヤ主義の宣伝に利用したのである。「ユダヤ人はキリスト教世界に住むべきではない、その会堂はキリスト教世界に存在してはならない」などである。ユダヤ人は強制的に排除され、会堂は焼かれた。

こうした悪用についての責任をルターに問うのは酷であろう。しかし、悪用の元となる発言をした事実は消えない。どのような文脈や意図によるものにせよ、その言葉はルターの言葉である。伝記ではあまりふれられないが、ルターの限界を示すものとして、やはり明記しておかねばならないことである。

2　聖書を読みつづける

ライフワークとしての聖書翻訳

宗教改革者として戦いの日々を重ねる一方、ルターは本来の神学者として研究と教育も変わらず継続していた。その活動のなかでも特筆すべきは、旧約聖書のドイツ語への翻訳であろう。一五二二年、新約聖書の翻訳が成ると、ルターは引き続き、旧約聖書の翻訳に取りかかった。新約聖書の場合と違って、旧約聖書の翻訳ではメランヒトンや同僚のヘブライ語学者の協力も仰いでいる。ルター主導による共訳と言えなくもないが、初稿と思われる原稿に残る筆跡がルターのものであるところを見ると、やはり「ルター訳」と言ってよいであろう。同僚の協力は、翻訳文の推敲に限られていたものと考えられる。

旧約聖書は元来、ユダヤ教の聖典で、イスラエル民族の歴史を神との関係から綴った文書群である。天地創造に始まる歴史書、詩篇をはじめとする信仰の文学、預言者たちの言葉と大きく三部に分かれる。旧約聖書は、キリスト教徒にとっては、キリスト来臨を預言する書という意味をもつ。

翻訳が完成したのは、一五三四年のことである。その間には、これまで述べてきたような様々な事件が起こった。体力的にも、精神的にも、相当な重圧を受けている中での訳業は、並大抵のことではなかっただろう。しかし、新約聖書を翻訳した際と同じく、ルターはここでも驚異的なエネルギーを発揮し、膨大なテキストである旧約聖書を最後まで訳しきった。訳業成った旧約聖書は、新約聖書と合わせて、『旧新約聖書』として出版された。

領邦が割拠するドイツでは、政治や経済ばかりでなく、あらゆる分野において地方性が目立った。言語も同様である。「ドイツ語」とひと口に言っても、地方によって様々な方言が存在した。現在でも、たとえばミュンヘンあたりの方言は、標準ドイツ語に慣れた外国人の耳には少しきつく聞こえる。中世の頃は、おそらくその比ではなかったはずである。そうした複雑な言語事情を一変させたのが、ルターの翻訳で使われたドイツ語であった。さきにも述べたように、ルターはヴィッテンベルクの町の人

『旧新約聖書』(1534年). ルターの十年余に及ぶ努力の成果. 死の間際まで改訂を続けた

聖書を翻訳するルター．ルターを福音書の記者マタイになぞらえて描いたもの

びとの顔を思い描きながら、言葉を徹底的に吟味し、細心の注意をはらいながら翻訳を行っていった。ルターがそのとき用いたザクセン方言のドイツ語を軸にして、ドイツ語は標準化されていったのである。

ルターの翻訳の特徴は、力強さとわかりやすさである。ひとつ、例を挙げてみよう。「重荷を負う者はだれでも私のもとに来なさい。休ませてあげよう」（『マタイの福音書』第一一章28節）というキリストのことばがある。この「休ませる」をルターは「erquicken（元気づける）」と訳した。だらりと休ませるのではない。本当に休ませて、活力を与え、元気づける、という意味である。原語を生かし、キリストの言おうとすることをしっかりと汲み取った、まさしく勇気づける訳といえる。

聖書の翻訳は、ルターにとってライフワークであった。赤いインクの文字で訂正の指示が書き込まれた原稿や、ルター訳聖書の晩年の版が残っている。その書き込みを見ると、人びとには、つねに新しく、よりわかりやすいドイツ語で聖書に親しんでもらいたいという思いが伝わってくる。ルターは、一五四五年、死の前年に至るまで翻訳の改訂をつづけた。最晩年の訂正書き込みは、死後、弟子たちによって生かされていく。現在、ドイツのプロテスタント教会の礼拝で朗読される聖書は、ほとんどの場合、このルター訳聖書の改訂現代版である。ルターのドイツ語訳聖書は、いまも生きるドイツの遺産にほかならない。

聖書の読み方を変える

ルターはかつて若い日、修道士は神の恵みを獲得するために完全な生き方を追求し、それを日々の生活で実践しなくてはならないと考えていた。彼は聖書のことばを修道生活に生かすべく、そこから多くの課題を読み取って、その実現に向かって苦闘し、葛藤した。

このとき、ルターにとって聖書は、「これをなすべし」「これをなすべからず」と命じる掟《おきて》の書であった。聖書をこのような掟の書として読めば、「これを果たせた」「これは果たせていない」という評価が生まれる。ひいては、「神は満足しているか否か」という自己への問いかけを生むことにもなる。「いかに欠点のない修道士として生きていたにしても」と若き日々を振り返ってルターが書くのは、それだけ自分が修道士として「完全な生活」を送っていたという自負もあったからであろう。しかし、彼はこうつづけている。「私の償いをもって神が満足されるという確信をもつことができなかった」。

自分には何ひとつ欠点がないという思いがあれば、なおのこと一層熱心に、聖書の掟を守る努力に向かう。ところが、いくら努力に努力を重ねても、これでよしという自覚は一向に得られない。ついには絶望し、神に対して怒りを爆発させる。断食を重ね、身も細るほどに修練を重ねている自分に対して、なおも神は「苦痛に苦痛を加え、神は義と怒りをもって我々をさらに脅す」。それはなぜなのだ、という疑念が胸の中で渦を巻いた。掟の書としての聖書は、生の行き詰まりをもたらす。聖書のことばを真摯に徹底して実践しようとした修道士ルターが行き着いたのは、進むも退くもままならぬ袋小路であった。

絶望の中で必死に打開の道をさぐるルターは、神が二通りのことばをもって人間に語りかけている、とまず理解した。「すべし」「すべからず」という戒めと、「すでに満たされている」という良い知らせの二通りのことばである。神学的にいえば、聖書は「律法」と「福音」の、二通りのことばで人間に語りかけている、ということである。

律法は、人間として生きるに当たって、「これをせよ」「あれをするな」と命じる神のことばである。これを程々に果たして「よし」とすれば、安易な自己満足と自己義認になる。しかし、これを徹底して果たそうとすれば、「自分には無理だ、不可能だ」という思いから自己絶望に至ることになる。律法のことばを見つめ、「完全」に向かって努力すればするほど、人間は絶望へと追い込まれるほかはなくなる。律法によって自分の破れ、罪の姿が見えてしまうのである。

ルターの宗教改革的発見は、聖書を人間に実現可能な掟の書として見ないと捉えたことにある。律法のことばは、人間を自分の弱さに徹底的に直面させる。ルターは絶望のどん底の中で、ようやくそのことに気づかされた。そして、その絶望のふちから、聖書のもうひとつのことばである「福音」へと一挙に反転跳躍する。律法から福音へ。この転回運動が人間に救いをもたらすのであり、キリストがその死と復活によって、すなわち十字架によって人間に示したことである。ルターは聖書のことばとの格闘から、そういう理解に到達したのだった。

こうして聖書の読み方が変わった。対照的、対立的に捉えれば、伝統的な教会の読みは人間の能動的な行いを強調し、ルターの読みは人間の受動的な受け入れを強調したといえるだろう。強調点の置き方は異なっても、律法を福音と並んで重視する点では、伝統的な読みも、ルターの新しい読みも、なんら変わるところはない。ルターの読みが画期的なのは、律法に注目して人間の行いを重視するあまり、福音を見失っていた伝統的な読みの道すじを一八〇度逆転させたことであった。律法による絶望の下で、福音は新しく姿を現す。神はこの道を、キリストによってすでに備えていた。ルターによる発見が、「福音の再発見」と呼ばれる所以である。

最後の聖書講義

ルターはヴィッテンベルク大学で生涯、聖書講義をつづけた。その多くは学生たちの筆記による講義録として残され、生存中、あるいは没後に出版されている。聖書講義といっても、聖書の一節ずつを順次引いて講じるというよりも、聖書の各文書に示された神学的なテーマを総合的に論じる神学講義の趣があった。

ルターは講義で旧約聖書を取り上げることが多かったが、一五三一年にはめずらしく、新約聖書から「ガラテヤの信徒への手紙」を取り上げて講義している。若い日の講義、それにもとづく講解の出版につづく、再度の試みだった。これもまた学生の筆記録からまとめられ、四年後の一五三五年に出版された。『ガラテヤ大講解』と呼ばれるこの講義録は、ルターの円熟した神学理解が示されていて重要である。かつてはガラテヤ書によって敵を論破していたルターだが、この『大講解』では、宗教改革の陣営もまた、この文書から繰り返し学ぶ必要があることを説いて、以後のキリスト教界への、いわば遺言としたという面もある。

その『ガラテヤ大講解』の出版につづき、一連の詩篇講義の最後に、一五三四年には詩篇第九〇編を取り上げて講義した。五〇歳を過ぎ、さながら自らの生の終わりを思いつつ、という趣の名講義である。「生のただ中にあって我々は死の内にある」というラテン語聖歌を引用したうえで、これを逆転させ、「死のただ中にあって我々は生の内にある」と論じるのは、この詩篇にもとづいて、生が死を呑み込むという、ルターのキリスト教信仰の告白といえるだろう。

一五三六年には、「創世記」の講義に取りかかった。聖書全体の冒頭に置かれるこの文書については、以後、約一〇年にわたって講義をつづけ、関連する神学の諸問題に対する自身の見解を表明していった。神による救いの歴史を、歴史の中心としてのキリストから捉えようとする神学的な意図にもとづく講義である。

この講義録は、晩年におけるルターの神学を伝える重要な資料で、筆記録のすべてを合わせると二〇〇〇ページを超える膨大なものである。神の天地創造に始まる世界の始まりと、それにつづく人間の歴史について論じながら、ルターは歴史の終わりをも視野におさめ、神による歴史の完成への待望を語っている。歴史の完成とは、新しい天と地の到来と、神とともに生きる人間の新しい世界の姿を望み見る信仰にほかならない。病気がちな晩年であったため、講義はしばしば中断されたというが、「聖書を忠実に講じる」との若き日の誓いをそのままに、聖書教授としての使命を果たし尽くそうという思いも伝わってくる。

そして、一五四五年一一月一七日、創世記講義の終了をもって、ルターはその生涯の最終講義の日を迎えた。当時の六二歳といえば、現在の八〇歳にも相当する。創世記の終わり、ヨセフの死について語った後で、彼は約一〇年つづいた講義をこう締めくくった。

「さて、これが愛する創世記であります。どうか神が私の後に来る他の人にもっとよい講解をさせてくださるように。私にはこれ以上のことはできません。私は弱っています。神が私によい、祝福された最期の時をもたせてくださるよう、どうか私のために神に祈ってください」。

聖書のことばと取り組んできた生涯の終わりに際して、自身の思いを素直に短く語っている。

終章　ことばに生きた改革者

キリスト教的一体世界の終焉

一五二〇年代半ば以降、領邦諸侯や都市当局はルターの改革を導入し、その勢力はドイツ北部の大部分を覆うまでに拡大した。事ここに至って、宗教改革の流れは、いよいよ政治的な意味合いを帯びはじめる。フランスとの抗争に明け暮れ、長く帝国を不在にしていた皇帝カール五世であったが、もはやこれ以上、ドイツの情勢を放置できなくなった。カトリック側と改革側の対立が、帝国の統治基盤を揺るがしつつあったのである。

余談だが、「プロテスタント」という言葉が使われるようになったのは、ちょうどこの頃のことである。一五二九年、帝国議会での決議に反対した改革側の諸侯たちが「Protestatio（表明、抗議）」という文書を提出した。カトリック側は彼らを揶揄して、「プロテスタント（反対としか言わない奴ら）」と呼びはじめた。やがて自他ともにそう呼ぶようになり、カルヴァン派も含む改革側の諸教派は「プロテスタント」と総称されるようになった。

さて、このまま対立が深まっては、たえず侵攻の機会をうかがうオスマン帝国に付け入る隙を与えかねない。皇帝の本意は宗教改革の撲滅にあったが、教会の決定的な分裂はなんとか回避したいところであった。折しも、フランスとの抗争に一応の結着がつき、カール五世にはドイツの情勢に対処するゆとりが生まれつつあった。そこで皇帝は、カトリック側、プロテスタント側、双方の対立に終止符を打つべく、一五三〇年、アウグスブルク帝国議会の場で、双方の代表にそれぞれの信仰を文書にして提出するよう求めた。それをもとに両者の妥協点をさぐり、神学的な和解へと導くのがねらいであった。

プロテスタント側の代表としてはルターが適任であっただろう。しかし、帝国追放を言い渡された身では、ザクセンから一歩も外へ出られない。そこで、ルターはもっぱら指示役にまわり、メランヒトンが改革側の文書をまとめることになった。

メランヒトンの起草した文書は、非常に注意深く書かれている。プロテスタント側の立場を最小限の形で明示して、カトリック側との論争諸点にはあえて踏み込んでいない。メランヒトンは、この機会を逃さず、まずはプロテスタント側の地歩を固めることに主眼を置いていたものと考えられる。気性激しく、言いたいことははっきり言うルターが書いていたら、おそらくもっと違う文書になっていただろう（実際、一五三七年には、ルターによって信仰告白が書かれる。これは「シュマルカルデン条項」と呼ばれる）。起草された文書は、改革を支持する諸侯が議会に提出し、皇帝の前でドイツ語によって朗読された。あえてドイツ語で読み上げたところに、プロテスタント側の意志と自負がうかがえる。

プロテスタント側の文書を支持し、その教理に同意した議員は、四〇〇名のうち二〇名にも満たなかった。しかし、プロテスタント側の信仰内容が公の場で表明されたことにこそ意味があった。これによってプロテスタント側は、自己のアイデンティティを確立するきっかけをつかんだのである。この文書は「アウグスブルク信仰告白」と呼ばれ、今日に至るまで世界中のルーテル教会の信仰の基本的立場を示す文書として重視されている。

皇帝の思惑とは裏腹に、議会での信仰表明を機に、双方の対立はむしろ深まる方向へ進んでいった。その後も会談が重ねられ、お互いの併存をさぐる動きもあったが、いずれも暗礁に乗り上げた。教理をめぐる対立にもはや妥協の余地はなく、抜き差しならない段階に達していたのである。ルターは、たとえ戦争になるとしても、カトリック側には一切譲歩するべきではないとの強硬な姿勢をくずさなかった。かつて「力によらず、ことばによって」と説いたルターであったが、同志たちとともに「人に従うよりは、神に従う」(「使徒行伝」第五章29節)の立場に立って、武力攻撃を受けた場合には徹底抗戦する意志を固めた。

プロテスタント側諸侯とカトリック側諸侯はそれぞれ軍事同盟を結び、その対立の構図は、諸勢力入り乱れ、きわめて複雑なものになっていった。そして、一五四六年、ついには武力衝突に発展してしまう。当初、分裂回避を企図していた皇帝は、いまやカトリック側と結び、プロテスタント側の撲滅に乗り出した。しかし、武力に勝る皇帝・カトリック側は戦場では勝利を得たものの、プロテスタント側を完全に屈服させるにはいたらず、事態はさらに混迷の度を深めていくことになった。最終的な解決を見るには、そのさらに一〇年後、一五五五年の「アウグスブルク宗教和議」まで待たねばならなかった。

この和議において、それぞれの領邦君主が決定する教派をその領邦内の教派とするという、いわゆる教派属地権の決定がなされた。この決定により帝国内におけるカトリック教会、ルーテル教会の併存が確認され、ここにキリスト教的一体世界は名実ともに終焉をむかえた。ルターが九五箇条の提題を示してから、約四〇年後のことである。このとき、ルターはすでにこの世になかった。

祈り、黙想、試練

ルターの弟子たちは、膨大な量にのぼるルターの著作を後世に残すべく、「ルター著作全集」の出版を構想していた。ルター自身はそれを固辞しつづけていたようだが、結局、一五三九年になって『ルター　ドイツ語著作全集』第一巻が出版され、死の前年、一五四五年には『ルターラテン語著作全集』第一巻が出版された。この二つの全集はルターの死後も刊行がつづけられ、最終的に『ドイツ語全集』は全八巻、『ラテン語全集』は全四巻という構成になった。どちらも、その後の時代に様々なかたちで編まれることになる、ルター全集、ルター選集の最初の底本となっている。

ルターはこの二つの全集のために、それぞれ「自序」を寄せている。なかでも、『ドイツ語全集』の序文は重要である。この全集は自分の著作を読むための手引きではなく、あくまでも聖書を読むための手引きである、とルターは明言する。その内容に即して、この序文は「祈り、黙想、試練」と呼ばれる。修道士になって以来、つねに聖書と取り組んできたルターだからこそ言える、聖書を読む心がまえが記されている。

ルターはまず第一に、聖書は「祈り」をもって読むべきだ、と言う。詩篇の第一一九編を引きながら、自分に「示してください」「教えてください」と祈りの心をもって読まなければ、聖書の真理は心に入ってこないと説く。第二に、聖書は黙想して繰り返し読むべきだ、と言う。これには少し説明が必要だろう。黙想というにもかかわらず、ルターは声を出して読み、ときには歌うことすら勧めている。五感のすべてを挙げて繰り返し取り組むことで初めて、聖書のことばは心に深く入ってくることを説いているのである。第三に、聖書は試練をもって、試練のただ中で読め、と言う。修道生活のように世俗の生活から離れて聖書を静かに瞑想するのではなく、試練の多い実生活のただ中で読むとき、聖書のことばは生きて心に働きかけるという。こうして自分自身が生涯かけて取り組んできた聖書の読み方へと人びとを招く。

この「祈り、黙想、試練」に次いで『ラテン語全集』の序文では、「私はこのように聖書を読み、聖書と取り組んで、宗教改革的な聖書理解に到達した」と、その葛藤と突破についての追想を残している。この二つの自序は、簡潔ながら、聖書のことばに生きたルターの生涯を見事に伝えているといえるだろう。

死の床のかたわらに

一五四六年二月一八日早暁、ルターは狭心症と思われる病状を示して世を去った。訪れていた、生地アイスレーベンで一五日に説教、一七日に君侯の紛争問題を調停し終えた後の死であった。遺体はヴィッテンベルクに運ばれ、葬儀の後、城教会の説教壇の地下深くに埋葬された。葬儀ではメランヒトンが、その生涯と意味を回想する「個人略歴」を述べた。これはすぐに印刷されて、最初のルター伝となった。

死の床のかたわらには一片の紙が残されており、それがルターの絶筆となった。そこには、こう書かれていた。

「五年間、牧夫や農夫であったのでなければ、ヴェルギリウスの牧歌や農耕歌を理解できまい。四〇年間、支配の重要な位置に就いていたのでなければ、キケロの書簡は理解できまい。一〇〇年間、預言者と共に教会を導いたのでなければ、聖書を十分に味わったとは思えまい」。

聖書のことばが示す真理を追い求め、伝えつづけた生涯の、最後の言葉である。

引用・参考文献

ルター著作選集（キリスト教古典叢書）、徳善義和他訳、二〇一二年、教文館

ルター著作集　第一集　ルターの諸著作　第一巻～第一〇巻、聖文舎

ルター著作集　第二集　ルターの聖書講解　第三巻～第一二巻、聖文舎、リトン
　主なものは、③第二回詩編講義（竹原創一訳）、⑤山上の説教（徳善義和他訳）、⑥⑦ヨハネ福音書第一章～第四章（徳善義和他訳）、⑧⑨ローマ書講義（徳善義和訳）、⑪⑫ガラテヤ大講解（徳善義和訳）

マルティン・ルター『生と死の講話　詩編九〇編の講話』（金子晴勇訳）、二〇〇七年、知泉書館

マルティン・ルター『キリスト者の自由　訳と注解』（徳善義和訳、注解）、二〇一一年、教文館

徳善義和編訳『マルチン・ルター　原典による信仰と思想』二〇〇四年、リトン

徳善義和『マルチン・ルター　生涯と信仰』二〇〇七年、教文館

トーマス・カウフマン『ルター　異端から改革者へ』（宮谷尚実訳）、二〇一〇年、教文館

金子晴勇『教育改革者ルター』二〇〇六年、教文館

Hellmut Diwald, Karl-Heinz Jürgens: *Martin Luther Lebensbilder*, Gustav Lübbe Verlag, 1982

Heinz Zahrnt: *Martin Luther in seiner Zeit – für unsere Zeit*, Süddeutscher Verlag, 1983

Martin Luther – Sein Leben in Bildern und Texten, Insel Verlag, 1983

Martin Luther und die Reformation in Deutschland, Insel Verlag, 1983

ルター略年譜

一四八三年(〇歳)　アイスレーベンで誕生(一一月一〇日)
一四八八年(五歳)　マンスフェルトで学んだのち、マクデブルク、アイゼナハへ
一五〇一年(一八歳)　エルフルト大学教養学部に入学
一五〇五年(二二歳)　法学部へ進む。落雷を受けたのを機にアウグスティヌス修道院入り
一五〇七年(二四歳)　司祭となる。神学研究を始め、講義も一部担当する
一五一一年(二八歳)　ヴィッテンベルクへ移る
一五一二年(二九歳)　神学博士、ヴィッテンベルク大学聖書教授となる
一五一三年(三〇歳)　第一回詩篇講義。塔の体験(一五一四年?)
一五一五年(三二歳)　ローマ書講義　[教皇レオ十世、ドイツでの贖宥状販売を認可]
一五一七年(三四歳)　九五箇条の提題(一〇月三一日)
一五一八年(三五歳)　第二回詩篇講義、ハイデルベルク討論、アウグスブルクで異端審問を受ける
一五一九年(三六歳)　ライプツィヒ討論　[カール五世、神聖ローマ皇帝に即位]
一五二〇年(三七歳)　『キリスト教界の改善について』『教会のバビロン捕囚について』『キリスト者の自由について』など、宗教改革的著作を相次いで出版。教皇庁、破門脅迫の大教勅を発する

一五二一年（三八歳）　正式に破門される。ウォルムス喚問、帝国追放を宣告され、ワルトブルク城に保護
一五二二年（三九歳）　ヴィッテンベルク町教会で連続説教。新約聖書のドイツ語訳を出版
一五二三年（四〇歳）　改革運動を開始
一五二五年（四二歳）　農民戦争。カタリーナ・フォン・ボラと結婚。『奴隷的意志について』を出版
一五二九年（四六歳）　『大教理問答』『小教理問答』を出版　［オスマン帝国がウィーンを攻囲］
一五三〇年（四七歳）　アウグスブルク信仰告白を提出
一五三一年（四八歳）　ガラテヤ書講義（一五三五年、『ガラテヤ大講解』として出版）［シュマルカルデン同盟結成］
一五三四年（五一歳）　旧約聖書のドイツ語訳完成。『旧新約聖書』として出版　［イエズス会創設］
一五三六年（五三歳）　創世記講義（一五四五年まで継続）
一五三七年（五四歳）　シュマルカルデン条項を執筆
一五三九年（五六歳）　『ドイツ語著作全集』刊行開始
一五四五年（六二歳）　『ラテン語著作全集』刊行開始　［トリエント公会議、プロテスタント参加拒否］
一五四六年（六三歳）　アイスレーベンで死去（二月一八日）　［シュマルカルデン戦争勃発、プロテスタント諸侯敗北］

あとがき

ルターの「九五箇条の提題」をきっかけに宗教改革が起こってから、二〇一七年には「宗教改革五〇〇年記念」の年を迎える。ドイツでは、キリスト教だけでなく、社会的にも記念の行事や展示が行われる。また、世界のルーテル教会はローマ・カトリック教会と共に、これを記念する「共同文書」を準備中であるという。おそらく、ルターを「共通の信仰の父」として、宗教改革の現代的意義を確認し、世界のキリスト教会挙げて、現代世界に対する責任を宣言することであろう。日本でもルーテル教会とローマ・カトリック教会との間に神学対話の委員会があり、このような国際的な神学対話や協力と並行して、毎年数回、会合が行われ、様々なテーマが論じられている。

この会合に出席していると、歴史の流れというものを感じさせられる。宗教改革に端を発するカトリックとプロテスタントとの対立は、二〇世紀初頭に至るまで、じつに四〇〇年近くにわたって続いた。その間、世界の各地では様々なかたちで、両者の対立による影響を受けてきた。日本とて例外ではない。イエズス会士フランシスコ・ザビエルによるローマ・カトリック教会の日本伝道も、一九世紀末の開国にともなうプロテスタント諸教派の日本伝道も、背景には、両者の勢力拡大競争があったともいえるだろう。ところが、その両者がいまや、キリスト教会の一致と協力のために、親しくひとつのテーブルを囲み、真剣に話し合いを重ね、その声を共に世界へ訴えようとしている。キリスト教が原点とするものを共に認識し、確認して、新しい時代へ歩もうとしている。時代は変わったというほかはあるまい。

私は、若い日からルターの神学に学び、多くの主要著作を翻訳してきた。キリスト教とは何か、宗教改革とは何かと考えるとき、問われているものは、突き詰めれば、人間の問題である。そして、いまこの問題を考えるとき、現代の人間にとって「ことばの回復」が、緊急かつ究極の課題だと思っている。このことを心の内に思いつつ、「ことば」が生きるために、生涯を賭し、歴史を動かしたルターの姿をここに書きまとめてみた。一人ひとりが自らの生き方の拠り所となることばをもち、そのことばに立って、生のどの領域でも、心を開き、心を込めて、語り、聴き、書き、読み、行動していくことが求められていると思うところ切だからである。

東日本大震災と原発事故による被災に直面して、私たちの多くは、ことばを失うほどの衝撃に打たれた。この経験はしかし、かけがえのないものとしなくてはならないだろう。その道のりのなかで「ことばの回復」は、人と人との間で心を開き合ってこそ可能なのだ、ということを体験するからである。

昨夏以来、編集部よりお話をいただいて設定したテーマ、「ことばに生きる」に即してこの本をまとめた。脱稿に至る過程では、私の視力の問題もあって、阿部光成氏と、新書編集部の永沼浩一氏の親身な、ひとかたならぬお世話をいただいた。特に記して心からの感謝を申し上げたい。

二〇一二年五月

徳善義和

徳善義和

1932-2023年
1954年東京大学工学部卒業
1957年日本ルーテル神学校卒業
専攻－歴史神学(宗教改革)
現在－ルーテル学院大学, ルーテル神学校名誉教授
著書－『マルチン・ルター 生涯と信仰』『キリスト者の自由 訳と注解』(教文館) ほか
訳書－『ルター著作選集』(教文館, 共訳), 『ルター著作集』(聖文舎, 共訳) ほか

マルティン・ルター
──ことばに生きた改革者　　岩波新書(新赤版)1372

2012年6月20日　第1刷発行
2023年4月14日　第10刷発行

著　者　徳善義和《とくぜんよしかず》

発行者　坂本政謙

発行所　株式会社 岩波書店
〒101-8002 東京都千代田区一ツ橋 2-5-5
案内 03-5210-4000　営業部 03-5210-4111
https://www.iwanami.co.jp/

新書編集部 03-5210-4054
https://www.iwanami.co.jp/sin/

印刷製本・法令印刷　カバー・半七印刷

ISBN 978-4-00-431372-4　　Printed in Japan

岩波新書新赤版一〇〇〇点に際して

ひとつの時代が終わったと言われて久しい。だが、その先にいかなる時代を展望するのか、私たちはその輪郭すら描きえていない。二〇世紀から持ち越した課題の多くは、未だ解決の緒を見つけることのできないままであり、二一世紀が新たに招きよせた問題も少なくない。グローバル資本主義の浸透、憎悪の連鎖、暴力の応酬——世界は混沌として深い不安の只中にある。

現代社会においては変化が常態となり、速さと新しさに絶対的な価値が与えられた。消費社会の深化と情報技術の革命は、種々の境界を無くし、人々の生活やコミュニケーションの様式を根底から変容させてきた。ライフスタイルは多様化し、一面では個人の生き方をそれぞれが選びとる時代が始まっている。同時に、新たな格差が生まれ、様々な次元での亀裂や分断が深まっている。社会や歴史に対する意識が揺らぎ、普遍的な理念に対する根本的な懐疑や、現実を変えることへの無力感がひそかに根を張りつつある。そして生きることに誰もが困難を覚える時代が到来している。

しかし、日常生活のそれぞれの場で、自由と民主主義を獲得し実践することを通じて、私たち自身がそうした閉塞を乗り超え、希望の時代の幕開けを告げてゆくことは不可能ではあるまい。そのために、いま求められていること——それは、個と個の間で開かれた対話を積み重ねながら、人間らしく生きることの条件について一人ひとりが粘り強く思考することではないか。その営みの糧となるものが、教養に外ならないと私たちは考える。歴史とは何か、よく生きるとはいかなることか、世界そして人間はどこへ向かうべきなのか——こうした根源的な問いとの格闘が、文化と知の厚みを作り出し、個人と社会を支える基盤としての教養となった。まさにそのような教養への道案内こそ、岩波新書が創刊以来、追求してきたことである。

岩波新書は、日中戦争下の一九三八年一一月に赤版として創刊された。創刊の辞は、道義の精神に則らない日本の行動を憂慮し、批判的精神と良心的行動の欠如を戒めつつ、現代人の現代的教養を刊行の目的とする、と謳っている。以後、青版、黄版、新赤版と装いを改めながら、合計二五〇〇点余りを世に問うてきた。そして、いままた新赤版が一〇〇〇点を迎えたのを機に、人間の理性と良心への信頼を再確認し、それに裏打ちされた文化を培っていく決意を込めて、新しい装丁のもとに再出発したいと思う。一冊一冊から吹き出す新風が一人でも多くの読者の許に届くこと、そして希望ある時代への想像力を豊かにかき立てることを切に願う。

（二〇〇六年四月）

宗教

最澄と徳一 仏教史上最大の対決　師 茂樹
ブッダが説いた幸せな生き方　今枝由郎
ヒンドゥー教10講　赤松明彦
東アジア仏教史　石井公成
ユダヤ人とユダヤ教　市川 裕
初期仏教 ブッダの思想をたどる　馬場紀寿
内村鑑三 悲しみの使徒　若松英輔
トマス・アクィナス 理性と神秘　山本芳久
アウグスティヌス 「心」の哲学者　出村和彦
パウロ 十字架の使徒　青野太潮
弘法大師空海と出会う　川﨑一洋
高野山　松長有慶
マルティン・ルター　徳善義和
教科書の中の宗教　藤原聖子

『教行信証』を読む 親鸞の世界へ　山折哲雄
国家神道と日本人　島薗 進
聖書の読み方　大貫 隆
親鸞をよむ◆　山折哲雄
日本宗教史　末木文美士
法華経入門　菅野博史
中世神話　山本ひろ子
イスラム教入門　中村廣治郎
ジャンヌ・ダルクと蓮如　大谷暢順
蓮如　五木寛之
キリスト教と笑い　宮田光雄
密教　松長有慶
仏教入門　三枝充悳
モーセ　浅野順一
日本の新興宗教　高木宏夫
イスラーム（回教）　蒲生礼一
背教者の系譜　武田清子
聖書入門　小塩 力
イエスとその時代　荒井 献

慰霊と招魂　村上重良
国家神道　村上重良
お経の話　渡辺照宏
死後の世界　渡辺照宏
日本の仏教　渡辺照宏
仏教〔第二版〕　渡辺照宏
禅と日本文化　鈴木大拙 北川桃雄訳

岩波新書より

- 3・11 複合被災◆ 外岡秀俊
- 子どもの声を社会へ 桜井智恵子
- 就職とは何か 森岡孝二
- 日本のデザイン 原　研哉
- ポジティヴ・アクション 辻村みよ子
- 脱原子力社会へ 長谷川公一
- 希望は絶望のど真ん中に むのたけじ
- 福島 原発と人びと 広河隆一
- アスベスト 広がる被害 大島秀利
- 原発を終わらせる 石橋克彦編
- 日本の食糧が危ない 中村靖彦
- 勲　章 知られざる素顔 栗原俊雄
- 希望のつくり方 玄田有史
- 生き方の不平等◆ 白波瀬佐和子
- 同性愛と異性愛 風間　孝・河口和也
- 贅沢の条件 山田登世子
- 新しい労働社会 濱口桂一郎
- 世代間連帯 上野千鶴子・辻元清美
- 道路をどうするか 五十嵐敬喜・小川明雄

- 子どもの貧困 阿部　彩
- 子どもへの性的虐待 森田ゆり
- 戦争絶滅へ、人間復活へ むのたけじ・黒岩比佐子 聞き手
- テレワーク 「未来型労働」の現実 佐藤彰男
- 反　貧　困 湯浅　誠
- 不可能性の時代 大澤真幸
- 地域の力 大江正章
- 少子社会日本 山田昌弘
- 親米と反米 吉見俊哉
- 「悩み」の正体 香山リカ
- 変えてゆく勇気◆ 上川あや
- 戦争で死ぬ、ということ 島本慈子
- ルポ 改憲潮流 斎藤貴男
- 社会学入門 見田宗介
- 冠婚葬祭のひみつ 斎藤美奈子
- 少年事件に取り組む 藤原正範
- 悪役レスラーは笑う◆ 森　達也
- いまどきの「常識」 香山リカ
- 働きすぎの時代◆ 森岡孝二

- 桜が創った「日本」 佐藤俊樹
- 生きる意味 上田紀行
- ルポ 戦争協力拒否 吉田敏浩
- 社会起業家◆ 斎藤　槙
- ウォーター・ビジネス 中村靖彦
- 逆システム学◆ 金子　勝・児玉龍彦
- 男女共同参画の時代 鹿嶋　敬
- 当事者主権 中西正司・上野千鶴子
- 豊かさの条件 暉峻淑子
- クジラと日本人 大隅清治
- 人生案内 落合恵子
- 若者の法則 香山リカ
- 自白の心理学 浜田寿美男
- 原発事故はなぜくりかえすのか 高木仁三郎
- 日本の近代化遺産 伊東　孝
- 証言 水俣病 栗原　彬編
- 日の丸・君が代の戦後史◆ 田中伸尚
- コンクリートが危ない 小林一輔

(2021.10)　◆は品切，電子書籍版あり．(D3)

岩波新書より

東京国税局査察部	立石勝規
バリアフリーをつくる	光野有次
ドキュメント 屠場	鎌田慧
能力主義と企業社会	熊沢誠
現代社会の理論	見田宗介
原発事故を問う	七沢潔
災害救援	野田正彰
スパイの世界	中薗英助
都市開発を考える	大野輝之 レイコ・ハベ・エバンス
ディズニーランドという聖地	能登路雅子
原発はなぜ危険か	田中三彦
豊かさとは何か	暉峻淑子
農の情景	杉浦明平
異邦人は君ヶ代丸に乗って	金賛汀
読書と社会科学	内田義彦
科学文明に未来はあるか	野坂昭如編著
文化人類学への招待◆	山口昌男
ビルマ敗戦行記	荒木進
プルトニウムの恐怖	高木仁三郎

日本の私鉄	和久田康雄
社会科学における人間	大塚久雄
沖縄ノート	大江健三郎
音から隔てられて	入谷仙介 林瓢介 編
民話	関敬吾
唯物史観と現代〔第二版〕	梅本克己
民話を生む人々	山代巴
死の灰と闘う科学者	三宅泰雄
米軍と農民	阿波根昌鴻
沖縄からの報告	瀬長亀次郎
結婚退職後の私たち	塩沢美代子
暗い谷間の労働運動	大河内一男
ユダヤ人	J-P・サルトル 安堂信也訳
社会認識の歩み	内田義彦
社会科学の方法	大塚久雄
自動車の社会的費用◆	宇沢弘文
上海	殿木圭一
現代支那論	尾崎秀実

政治

- 「オピニオン」の政治思想史　堤林剣／堤林恵
- 戦後政治史〔第四版〕　石川真澄／山口二郎
- 尊厳　マイケル・ローゼン／内尾太一・峯陽一 訳
- デモクラシーの整理法　空井護
- 地方の論理　小磯修二
- SDGs　南博／稲場雅紀
- 暴君　スティーブン・グリーンブラット／河合祥一郎 訳
- ドキュメント 強権の経済政策　軽部謙介
- リベラル・デモクラシーの現在　樋口陽一
- 民主主義は終わるのか　山口二郎
- 女性のいない民主主義　前田健太郎
- 平成の終焉　原武史
- 日米安保体制史　吉次公介
- 官僚たちのアベノミクス　軽部謙介
- 在日米軍 変貌する日米安保体制　梅林宏道
- 矢内原忠雄 戦争と知識人の使命　赤江達也
- 憲法改正とは何だろうか　高見勝利
- 共生保障〈支え合い〉の戦略　宮本太郎
- シルバー・デモクラシー 戦後世代の覚悟と責任　寺島実郎
- 憲法と政治　青井未帆
- 18歳からの民主主義◆　岩波新書編集部編
- 検証 安倍イズム　柿崎明二
- 右傾化する日本政治　中野晃一
- 外交ドキュメント 歴史認識◆　服部龍二
- 日米〈核〉同盟 原爆、核の傘、フクシマ　太田昌克
- 集団的自衛権と安全保障　豊下楢彦／古関彰一
- 日本は戦争をするのか　半田滋
- アジア力の世紀　進藤榮一
- 民族紛争　月村太郎
- 自治体のエネルギー戦略　大野輝之
- 政治的思考　杉田敦
- 現代日本の政党デモクラシー　中北浩爾
- サイバー時代の戦争　谷口長世
- 現代中国の政治　唐亮
- 政権交代とは何だったのか◆　山口二郎
- 日本の国会　大山礼子
- 戦後政治史〔第三版〕　石川真澄／山口二郎
- 〈私〉時代のデモクラシー　宇野重規
- 大臣〔増補版〕　菅直人
- 生活保障 排除しない社会へ　宮本太郎
- 「戦地」派遣 変わる自衛隊　半田滋
- 民族とネイション　塩川伸明
- 昭和天皇　原武史
- 集団的自衛権とは何か　豊下楢彦
- 沖縄密約　西山太吉
- 吉田茂　原彬久
- 市民の政治学◆　篠原一
- 東京都政　佐々木信夫
- 有事法制批判　憲法再生フォーラム編

岩波新書より

言語

英語独習法　今井むつみ
『広辞苑』をよむ　今野真二
60歳からの外国語修行 メキシコに学ぶ　青山南
やさしい日本語　庵功雄
世界の名前　岩波書店辞典編集部編
英語学習は早いほど良いのか　バトラー後藤裕子
ものの言いかた西東　小林隆・澤村美幸
日本語スケッチ帳　田中章夫
日本語の考古学　今野真二
辞書の仕事◆　増井元
実践 日本人の英語　マーク・ピーターセン
ことばの力学　白井恭弘
百年前の日本語◆　今野真二
女ことばと日本語　中村桃子
テレビの日本語　加藤昌男
日本語雑記帳　田中章夫

英語で話すヒント◆　小松達也
仏教漢語50話　興膳宏
語感トレーニング　中村明
曲り角の日本語　水谷静夫
日本語の古典　山口仲美
ことばと思考　今井むつみ
漢文と東アジア　金文京
外国語学習の科学　白井恭弘
日本語の源流を求めて　大野晋
英文の読み方　行方昭夫
ことば遊びの楽しみ　阿刀田高
日本語の歴史　山口仲美
日本の漢字　笹原宏之
ことばの由来　堀井令以知
コミュニケーション力　齋藤孝
漢字と中国人　大島正二
日本語の教室　大野晋
伝わる英語表現法　長部三郎
日本人はなぜ英語ができないか　鈴木孝夫

心にとどく英語　マーク・ピーターセン
日本語練習帳　大野晋
翻訳と日本の近代　丸山真男・加藤周一
日本語ウォッチング　井上史雄
教養としての言語学　鈴木孝夫
日本語の起源〔新版〕　大野晋
日本人の英語 続　マーク・ピーターセン
日本語と外国語　鈴木孝夫
日本人の英語　マーク・ピーターセン
日本語〔新版〕上・下　金田一春彦
ことばの道草　岩波書店辞典編集部編
日本語の構造　中島文雄
ことばとイメージ　川本茂雄
外国語上達法　千野栄一
記号論への招待　池上嘉彦
翻訳語成立事情　柳父章
ことばと国家　田中克彦
日本語の文法を考える　大野晋
ヨーロッパの言語　泉井久之助

岩波新書より

哲学・思想

死者と霊性	末木文美士編
道教思想10講	神塚淑子
マックス・ヴェーバー	今野元
新実存主義	マルクス・ガブリエル 廣瀬覚訳
日本思想史	末木文美士
ミシェル・フーコー	慎改康之
ヴァルター・ベンヤミン	柿木伸之
モンテーニュ 人生を旅するための7章	宮下志朗
マキァヴェッリ	鹿子生浩輝
世界史の実験	柄谷行人
ルイ・アルチュセール	市田良彦
異端の時代	森本あんり
ジョン・ロック	加藤節
インド哲学10講	赤松明彦
マルクス 資本論の哲学	熊野純彦
日本文化をよむ 5つのキーワード	藤田正勝
中国近代の思想文化史	坂元ひろ子
憲法の無意識	柄谷行人
ホッブズ リヴァイアサンの哲学者	田中浩
プラトンとの哲学 対話篇をよむ	納富信留
〈運ぶヒト〉の人類学	川田順造
哲学の使い方	鷲田清一
ヘーゲルとその時代	権左武志
人類哲学序説	梅原猛
加藤周一	海老坂武
哲学のヒント	藤田正勝
空海と日本思想◆	篠原資明
論語入門	井波律子
トクヴィル 現代へのまなざし	富永茂樹
和辻哲郎	熊野純彦
現代思想の断層	徳永恂
宮本武蔵	魚住孝至
西田幾多郎	藤田正勝
丸山眞男	苅部直
西洋哲学史 近代から現代へ	熊野純彦
西洋哲学史 古代から中世へ	熊野純彦
世界共和国へ	柄谷行人
悪について	中島義道
神、この人間的なもの◆	なだいなだ
偶然性と運命	木田元
近代の労働観	今村仁司
プラトンの哲学	藤沢令夫
術語集 II	中村雄二郎
マックス・ヴェーバー入門	山之内靖
ハイデガーの思想	木田元
臨床の知とは何か	中村雄二郎
新哲学入門	廣松渉
「文明論之概略」を読む 上・中・下	丸山真男
術語集	中村雄二郎
死の思索	松浪信三郎
戦後思想を考える◆	日高六郎
イスラーム哲学の原像	井筒俊彦

(2021.10)　◆は品切，電子書籍版あり．(J1)

岩波新書/最新刊から

1961 **ウクライナ戦争をどう終わらせるか**
―「和平調停」の限界と可能性―
東 大作 著
ウクライナ侵攻開始から一年。非道で残酷な戦争を終結させる方法はあるのか。国際社会、日本が果たすべき役割を検討する。

1962 **「音楽の都」ウィーンの誕生**
ジェラルド・グローマー 著
宮廷や教会による支援、劇場の発展、音楽教育の普及など、十八世紀後半のウィーンに音楽文化が豊かに形成されていく様相を描く。

1963 **西洋書物史への扉**
髙宮利行 著
扉を開けば、グーテンベルクやモリスなど、本の歴史を作った人々が待っています。ようこそ書物と人が織りなすめくるめく世界へ。

1964 **占領期カラー写真を読む**
―オキュパイド・ジャパンの色―
佐藤洋一
衣川太一 著
日本の黒い霧を晴らし、認識の空白を埋める、あざやかな色。占領者が撮影した写真を読み解き、歴史認識を塗り替える待望の一冊。

1965 **サピエンス減少**
―縮減する未来の課題を探る―
原 俊彦 著
人類はいま、人口増を前提にした社会システムの再構築を迫られている。課題先進国・日本からサピエンスの未来を考える。

1966 **アリストテレスの哲学**
中畑正志 著
彼が創出した〈知の方法〉を示し、議論全体の核心を明らかにする。「いまを生きる哲学者」としての姿を描き出す現代的入門書。

1967 **軍と兵士のローマ帝国**
井上文則 著
繁栄を極めたローマは、常に戦闘姿勢をとる国家でもあった。軍隊と社会との関わり、兵士の視点から浮かびあがる新たな歴史像。

1968 **川端康成**
孤独を駆ける
十重田裕一 著
孤独の精神を源泉にして、他者とのつながりをもたらすメディアへの関心を終生持ち続けた作家の軌跡を、時代のなかに描きだす。

(2023.4)